中國國民黨
第一屆中央執行委員會
會議紀錄

（三）

The Minutes of First Central Executive Council

- Section III -

塑造「革命政黨」——
中國國民黨第一屆中央執行委員會
會議紀錄導讀

呂芳上
民國歷史文化學社社長

一

　　中國有近代模式的政黨始於 19 世紀末，老牌的國民黨推溯源頭，始於 1894 年在檀香山創立的興中會。嚴格的說，當年的革命派或保皇黨的組織都還算不上是「近代政黨」。至於知識分子熱中的政黨政治，1912、1913 年間，確曾曇花一現，直等到 20 世紀中葉，民國憲法制定，才勉強有其形式，亦就是說有憲政才有新式政黨出現，才容易形成政黨政治。中國近代的西方式政黨和政黨政治都是舶來品，因此要花一番工夫移植。孫中山自傳說他的學說是來自自創、規撫歐美事蹟，加上因襲傳統的，顯然他創黨、改造黨，得找這些源頭，更不能忽略這些因素。

　　1920 年代國民黨改組，有一定的背景和限制，從「孫中山黨」變成「國民的黨」，從辛亥革命到國民黨改組，一路參與的黃季陸說民國十三年（1924）具有

「劃時代」的意義，很值得重視和探討。這套《中國國民黨第一屆中央執行委員會會議紀錄》（《會議紀錄》）正好提供了一個孫中山「革命黨」如何轉變為「革命政黨」的訊息。這些會議討論內容，甚至可以提供初期國共關係史研究的基礎。

二

政壇上爾虞我詐、有黨有派、有分有合，一向是常事也應是常識。1899年，孫中山、梁啟超商洽合作倒滿，不久檀香山革命派勢力為保皇黨侵奪；1907年以個人身份入籍同盟會的光復會員章太炎、陶成章，掀起倒孫風潮，同盟會因之分裂，重創其對辛亥鼎革勞績。1913年二次革命失敗，國民黨分裂為中華革命黨與歐事研究會，孫中山只能維持僅有局面，國民黨幾乎泡沫化。1924年，國民黨「改組」，使革命黨演變為「革命政黨」，黨的性格有異於傳統，動員能力加大，因得有革命再起的力道。不過，這次黨的重造是孫中山乾坤獨斷之舉，短時期國民黨確因此有起死回生之效，長時間則使中國走向歐美式政黨政治，顯得遙遙無期，付出的代價，恐也得從新思考。

1924年之後國民黨所以有「中央執行委員會」（簡稱「中執會」，1952年，此會與中央監察委員會合併為中央委員會，即一般人習稱的中央黨部）的設置，是孫中山生前最後一次進行黨「改組」的結果。黨改組實起於1922年陳炯明叛孫所致。一年多的醞釀，在孫主持的第一次全國代表大會定調，整個過程可以用「俄

化」二字來形容。蘇聯顧問鮑羅廷的演出,角色十分吃重,所謂「以俄為師」不僅止於口號。這次大會的重要決定,包括:一、通過了包含中國現狀、國民黨主義與政綱的大會宣言,二、孫中山在會期中演講三民主義,闡述並提供黨的理論基礎,三、通過黨的「總章」,建立俄式政黨組織模式。開會次日,逢俄共頭子列寧逝世,特別休會三日,表明聯俄政策正式出檯;四、正式通過容共案,准許共產黨人可「跨黨」加入國民黨。以上種種都深深影響稍後國民黨及中國政治的發展前景。

更具體的說,1924 年前後的中國,在北方,軍閥正混戰不休,在廣東,為陳炯明勢力所籠罩,在廣州,尤有滇桂客軍盤據,英國人支持的商團正伺機而動,這時侷促於廣州士敏土工廠的國民黨,沒有錢、沒有群眾、沒有人才、沒有國際盟友,這樣四面楚歌、內憂外患的環境,在孫中山主持下迅速形成有動員能力的「革命政黨」,的確帶給許多人結束分裂、統一中國的希望。

三

1920 年代,國民黨改組,建立了迥異於此前黨的傳統形象。早期秘密結社的會盟組織,民初大雜燴式的民主政黨,流亡海外的零散隊伍,到此才形成新的革命隊伍。革命派過去三十年打天下,嘗試過屢敗屢起、仿日、仿歐、仿美的摸索及轉變中,辛亥復放棄了歃血為盟的幫會結合方式,民初二次革命失敗,暫時不能不擱置英美式議會政治運動;當護法運動碰壁,憲政理想也

只能暫時束諸高閣。1917 年蘇俄大革命，老大帝國竟可以成為新社會主義國家，又竟然能「以平等待我之民族」，很多知識分子，包括國民黨人，甚至覺得蘇聯給中國的，正是中國人求之不得的「天鵝肉」。俄共既視孫中山為「新盟舊友」，1922 年之後，因緣際會，孫中山也因此正式與蘇俄結盟，俄式動員性格的革命黨及反帝國主義、反軍閥為內容的「國民革命」路線，便為國民黨重塑了「革命政黨」的新傳統。

這套距今百年的國民黨第一屆中執會歷史原始紀錄，正好為該黨塑造「新傳統」過程，提供一些可供討論的資源。以下是根據中執會紀錄提出的幾個看法：

（一）人事布局，國共爭奪黨權的由來

1923 年，當黨的改組積極醞釀時，2 月孫中山在上海設有幹部會議主持其事。為落實籌備工作，10 月底設臨時中央執行委員會，中共黨人只有陳獨秀列名參議。這個國民黨臨時中央，在 1924 年 1 月第一次全國代表大會（全代會）前，共開會 28 次，其後由正式的第一屆中執會取代。依照第一次全代會通過黨的「總章」，組織架構以全代會為最高權力機構，選出中央執行委員組成「中央執行委員會」（中執會），並設「部」於平時執行黨務，另設中央監察委員會，監察黨務之進行，合稱為「中央黨部」。這種組織與過去不同者有二，一是工人、商民、農民、青年、婦女均先後設「部」，專司動員群眾的工作；二是自中央到地方，層層系統黨組織，以集體決策、集體領導方式體現所謂

「民主集中制」。新的總章，依然有舊元素，例如特設「總理」一章，尊崇孫中山的名譽與實權。全代會在 1 月 30 日推舉出包含國共兩黨菁英的第一屆正式及候補執、監委員共 51 人，隸屬的黨籍情形如次：

1. 中執委 24 人

   國民黨　胡漢民　　汪精衛　張靜江　廖仲愷
   　　　　李烈鈞　　居　正　戴季陶　林　森
   　　　　柏文蔚　　丁惟汾　石　瑛　鄒　魯
   　　　　譚延闓　　覃　振　石青陽　熊克武
   　　　　恩克巴圖　王法勤　于右任　楊希閔
   　　　　葉楚傖

   跨黨者（共產黨）譚平山　李大釗　于樹德

2. 候補中執委 17 人

   國民黨　邵元冲　鄧家彥　茅祖權　李宗黃
   　　　　白雲梯　張知本　彭素民　傅汝霖
   　　　　張葦村　張秋白

   跨黨者（共產黨）沈定一　林祖涵　毛澤東
   　　　　于方舟　瞿秋白　韓麟符　張國燾

3. 中監委 5 人（無跨黨者）

   　　　　鄧澤如　吳稚暉　李石曾　張　繼
   　　　　謝　持

4. 候補中監委 5 人（無跨黨者）

   　　　　蔡元培　許崇智　劉震寰　樊鍾秀
   　　　　楊庶堪

　　上列名單值得注意的是，正式或候補中監委 10
人，清一色的老國民黨人；中執委 24 人中，跨黨者（中
共黨員）3 人，候補中執委 17 人中，跨黨者有 7 人，
亦即是說國民黨中執委有四分之一是共產黨人，相當程
度說明孫中山「容共」政策的實行。

　　依照總章，黨中央設各「部」執行黨務，中執委互
選三人為常務委員，常川駐部辦事。事實上，受任常委
有流動性，兩年間 12 位常委，在職時間長短不一，多
半以輪值中執會主席為主。[1]同時為落實「國民的黨」
之政治工作，依照會議紀錄，中央黨部初設八個部，
並在廣州以外的地區設置六個地方執行部，分派 21 位
中執委為 14 個省黨部的籌備員，實際推動改組後的黨
務。[2]據研究國民革命史的學者分析，當年國共不論是
合作抑或競逐下的歷史，顯示改組後不久，跨黨之共產
黨人已清楚認識黨組織與群眾運動的重要，他們同時掌
握了北京執行部、滲入上海執行部，控制了組織、工人

---

[1]　1924 年至 1925 年二次全代會前，擔任過常委的 12 人：廖仲愷（1924.
　　1.31 - 1924.6.12；1924.10.20-1925.8.20）、戴季陶（1924.1.31- ）、
　　譚平山（1924.1.31-1924.4.14；1924.6.3.-1924.11.6）；彭素民
　　（1924.4.10-1924.8.3）、邵元冲（1924.6.12- ）、鄒魯（1924.9.1-
　　1924.10.20；1924.11.6- ）；汪精衛（1924.7.17-1924.11.6）；丁惟汾
　　（1925.5.17- ）；于樹德（1925.5.17- ）；林森（1925.9.3-1925.9.15）；
　　譚平山（1925.9.28- ）。參見李雲漢主編、劉維開編輯，《中國國民
　　黨職名錄》（臺北：中央黨史會，1994），頁 31-33。

[2]　中執會初擬設九部，一開始就決定調查部緩設，1924 年 3 月前設
　　七個部，後陸續增加軍事、聯絡、實業及商民部，部長及秘書名
　　單可看出跨黨者（＊）的份量：組織部部長譚平山＊／秘書楊匏
　　安＊；宣傳部戴季陶／劉蘆隱；工人部廖仲愷／馮菊坡＊；農民
　　部林祖涵＊／彭湃＊；青年部鄒魯／孫甄陶；婦女部廖冰筠／唐
　　允恭；海外部林森／詹菊似。參見李雲漢，《從容共到清黨》（臺
　　北：中國學術獎助會，1977），頁 268-271。

和農民三部，打進了直隸、山西、熱河、湖南、湖北、江蘇、浙江、江西八個省黨部籌備處，以少數黨員已能控制多數省區。[3] 長久以來，學者對於國民黨人長期疏於下層經營的批評，依 1920 年代第一屆中執會歷次《會議紀錄》中央各部及地方執行部報告，也可以得到一些印證。

（二）推尊「總理」，領袖崇拜之始

1924 到 1927 年，黨國體制的中國猶未成型，國民黨還處在「打天下」的階段，與共產黨理念、作法上雖不無芥蒂，甚至明爭暗鬥頻生，但也沒到你死我活「奪天下」的地步。不過，1924 年國民黨改組不久，列寧式動員型的革命政黨特性已逐漸浮現。當代政治學界把列寧式政黨特質，約略作這樣的規納：一、民主集中制的決策模式，二、以武力取得政權並實行一黨專政，三、領袖崇拜，四、黨有明顯的意識形態，五、有功能及地域性的組織方式，六、組織並運動群眾以形成「黨力」。[4] 這些，在中執會歷次《會議紀錄》中的記載，

---

3 李雲漢，《從容共到清黨》，頁 271。

4 對列寧式政黨的特質，在學界看法並不一致。政治學者鄭敦仁認為國民黨是「準列寧式政黨」（quasi-Leninist party），社會學者金耀基認為國民黨外型為列寧式政黨，但具三民主義的意識形態，方德萬（Hans J. van de Ven）認為國民黨堪稱為中國第一個列寧式政黨。見 Tun-jen Cheng, "Democratizing the Quasi-Leninist Regime in Taiwan", *World Politics 41*(July, 1989), pp.471-499; Ambrose Y. C. King, "A Non-paradigmatic Search for Democracy in a Post-Confucian Culture: The Case of Taiwan, R.O.C", in Larry Diamond ed., *Political Culture and Democracy in Developing Countries* (Boulder: Lynne Rienner Publishers, 1994), p.135; Hans J. van de Ven, *From Friend to Comrade: The Founding of the Chinese Communist Party, 1920-1927* (Berkeley, Ca.:

似乎還可進一步比對、參酌和推敲。

　　國民黨第一屆中執會 1924 年 1 月 31 日起至次年 12 月 31 日結束，共開會 131 次，除第 6 次紀錄佚失外，餘均在本書中呈現。

　　黨的改組是孫中山個人歷史性的重大決斷，他除主持第一次會議外，生前共出席該會 14 次，最後一次是他 1924 年 4 月 28 日的第 25 次會。在黨的人事配置、地方黨務推展、廣州試點改組、宣傳刊物資助、司法人員入黨、學生工人運動等議題，孫都曾參預，由於「總理」地位特殊，其決策力自在意中。

　　本來 1913 年二次革命的失敗原因，孫中山最痛切的感受是黨員不受命、黨首無力，也就是說討袁活動，敗在只見「個力」未見「黨力」。此後他積極尋求解套的力量和方法。當他得知俄國十月革命布爾希維克的革命成效，加上「俄援」有望，又看到五四青年學生熱情奔放的力量，以俄共模式動員群眾，形成改造國家的力量，便成了他「師俄」、創生「新國民黨」靈感與動機的重要來源。

　　孫中山是近代中國國家改造有一套理論、看法和做法的少數知識分子，他生前 40 年領導革命活動，即以博大精深、奮鬥不懈精神，贏得包括政治對手梁啟超，以孫為「偉大人物」、有領袖魅力政治人物的評價。孫晚年在南方進行黨政改造，為國民黨開創新局，1924 年 10 月底北上，由上海、日本經天津、臥病北京，逝

University of California Press, 1991), p.56.

世於北方，北方因此掀起「孫中山旋風」，大有造於國民黨北方勢力的拓展。孫北上，國民黨部分權力中心跟著移到北京，次年 3 月 12 日孫過世，在北京、廣州黨組織立刻有啟動媒體力量「造神」的跡象。依照《會議紀錄》，孫過世當天，第 67 次中執會即提出 12 則標語，包含尊孫為「中國革命之父」、「四萬萬人民慈母」，稱頌中山精神不死、主義不死。同時在各地普遍舉行追悼會，自不在話下。4 月 23 日中執會第 77 次會議起，開始有「主席恭誦總理遺囑、全場起立」的規定，此後懸為慣例，全國行之幾十年。此後半年內的中執會推尊孫總理的提案不斷，例如設立紀念圖書館，改廣東大學、上海大學為中山大學、改香山縣為中山縣等，有的立刻獲得回應，有的猶待努力。5 月 20 日第 85 次會，通過「孫中山先生永久紀念會組織大綱」，擬在軟體、硬體上作長程打算，近程即立刻發動盛大的「國民會議運動」為孫統一中國的最後主張造勢。這些都有助於「國父」、「總理」形象的建立。近代為偉人造神話、塑銅像風氣的展開，其源頭似乎也依稀可尋。

（三）「俄化」與「黨化」並進，開黨國體制之漸

　　1920 年代國民黨的改組，最顯著的特徵是國民黨走向「俄化」，中國走向「黨化」。

　　平實的說，孫中山晚年把國民黨改造為一個動員性的革命政黨，才能奪回天下。這得力於來自於俄國的鮑羅廷（鮑爾丁，Michael Borodin,1884-1951）的幫助。1923 年 10 月，鮑到廣州，適時提供俄式列寧黨的組黨

經驗。學者的研究早已指出，國民黨第一次全代會的宣
言、總章，均模仿了俄共章程，並出於鮑的規劃和參
與。孫中山初聘鮑為國民黨「組織教練員」，後來聘為
政治顧問；孫過世後，1925 年 7 月，國民政府聘鮑為
「國府委員會高等顧問」。1924 年國民黨的改組，不
再沿襲傳統幫會屬性，復不具備西方政黨味道，明顯的
俄化政黨成了特色。[5] 從這套《會議紀錄》正可以看到
新國民黨：「革命政黨」形成的一些訊息。（1）因組
織和意識形態的建立使黨動員能力顯著的提升。孫中山
主持改組過程中，很感成就的一點是看見廣州試點改造
後的「黨力」。從中央到地方黨組織，系統、法規分
明，由政府、民間，自社團到軍隊，靠「黨團」運作，
產生民主集中制的作用，使黨意落實。民眾運動靠各種
訓練所，使黨員凝聚共識，又能帶動民間力量。《會議
紀錄》中，載有許多海內外不同地區的活動報告，黨成
了政治運動的串連主軸，黨員成了政治舞台的活棋，扮
演活躍角色，這是過去未見的事。（2）孫中山師法蘇
俄，也不是全盤照搬、全面移植。這種國民黨式的俄式
政黨，仍與俄共有別。總章除了保有「總理」一章以
外，孫中山對意識形態的堅持、堅拒絕階級鬥爭的論

5　1921年中共的黨組織與 1924年國民黨的改組內涵，均是「以俄為
　師」的產物。國民黨一大總章，最初藍本是 1919 年 12 月俄共（布）
　第八次會代會通過的俄國共產黨（布爾什維克）章程，分 12 章 66
　條，國民黨總章分 13 章 86 條，有關黨員、組織架構、中央地方黨
　部、紀律、經費、黨團等，內容相近，多數條文幾乎雷同。參見李
　玉貞，《國民黨與共產國際（1919-1927）》，（北京：人民出版
　社，2012），頁 230-241。王奇生，《黨員、黨權與黨爭——1924-
　1949年中國國民黨的組織型態》（上海：上海書店，2003），頁
　13 -17。

述，人所習知。實者，1923 年 1 月 26 日，孫越聯合宣言，孫中山已明白表示與蘇聯的有條件合作，所以在中執會中聽不到俄共的馬列思潮，也看不到俄共政治運作的實況。如果說 1920 年代國民黨師法俄共組黨的是「半套」戲法，中共移植的是全套戲路，是否因此成為後來兩黨爭奪天下的成敗關鍵，那就可以是另一值得討論的議題了。[6]（3）「黨化」的開端，疑慮跟著來。改組初期，國民黨中執會紀錄多揭諸報端，會議中有關聯俄容共、以黨治國的決策和走向，均不免引發批評者及反對者的側目。老革命派如章炳麟、馬君武，和南北反國民黨軍閥，多詆孫黨「赤化」，許多知識分子尤對「黨化」表示不安。孫中山與章炳麟本有政治主張的歧異，這時也不贊成孫與蘇聯交好，孫派國民黨人也不客氣的指斥章等為「懶佬團」。[7]1924 年 3 月 30 日，中執會第 18 次會議通過議案，在廣州大元帥府任大理院院長的趙士北，以非黨員遭免職，表示黨政府下一般官吏必須入黨的要求，本屬獨立地位的司法，「司法無黨」的原則，在「黨化的革命化」下，也不能適用。在《會議紀錄》中，可以看到歷次會議通過各部提送的群眾運動議決案，包括青年部學運計畫案、資助全國學生聯合會案，農民部提交農民運動講習所、農民協會設置案，工人部的工會法、組織各地工會案，婦女部組織全

6　參見〈尋求新的革命策略：國民黨廣州時期的發展，1917-1927〉，見呂芳上，《民國史論》（臺北：台灣商務，2012），中冊，頁673-715。

7　秋霖，〈國民黨的將來〉，《香江新聞報》，1925 年 2 月 20 日。中國國民黨黨史館藏剪報資料，典藏號 436/117。

國婦女聯合會案，軍人特黨部提送任命軍隊黨代表、軍隊黨團組織與運作、改教導團為黨軍、設置有主義軍隊等案，[8] 在在顯示改組後的國民黨滲入社會各階層，積極組織、運動群眾的現象。當時知識界、輿論界對黨力滲透教育界、學生入黨問題及 1925 年東南大學易長，引發學潮，可能形成「黨化教育」，表達諸多關切。[9] 不意外的是後來政局的發展，雖中蘇關係有變數、國民黨與蘇俄關係有起伏，但這時期俄化下造黨，以黨化治國，則深刻影響了近代中國政治的走向。

（四）中政會：國民黨的「政治局」、「太上政府」

　　依照國民黨一大通過的「總章」，全國代表大會是黨的最高權力機構，大會推選出的中央執行委員組成的中執會，是全代會閉會期間的最高權力機構。這一機構設「部」辦事，即實際執行黨務的「中央黨部」。本來中執會平時有設三常委輪班辦事，中執委正式及候補人數不過 41 人，中執會開會，多至二十七、八人，少則六、七人，後期（1924 年 10 月 23 日第 57 次之後）大約出於需要或為湊人數，經常與中監會及各部長，召開

8　各案原文可參見《會議紀錄》中歷次會議內容。有關軍隊黨化問題，1925 年 2 月至 4 月間，香港、廣州報刊曾就「國民黨軍隊化」與「軍隊國民黨化」有所討論，見〈陳銘樞致羅漢君函〉，1925年 2 月 10-11 日，《香江新聞報》；紹文，〈國民黨軍隊化〉，1925年 4 月 14 日，廣州《民國日報》。

9　黨化教育相關的討論可參考：陶知行，〈國家教育與黨化運動〉，1925 年 1 月 9 日，上海《時事新報》；〈黨化教育的意義〉，1925年 1 月 26 日，上海《民國日報》；胡浩然，〈論黨化大學〉，1925 年 2 月 10 日，上海《時事新報》；力子，〈論黨化大學〉，1925年 2 月 20 日，上海《民國日報》。

聯席會議，決策及執行力不高，顯然不足以為總理分憂
解勞，孫中山因此有另成立一個備諮詢，類近元首顧問
團性質的構想。1924 年 7 月 11 日，孫總理以軍、政、
黨務須分工辦理，乃依鮑羅廷的建議，仿俄國共產黨模
式，成立國民黨的「政治局」──政治委員會（中政
會）。[10] 中政會初成立時是中執會的下屬機構，且在黨
章中並不是法定機制。孫中山生前，在中執會第 43 次
會（1924 年 7 月 14 日），胡漢民提出中政會的權限討
論案，決定：一、關於黨事，對中央執行委員會負責，
按照性質由事前報告或事後請求追認。二、關於政治及
外交問題，由總理或大元帥辦理。可見中政會確屬孫總
理的智囊團，職級上為中執會的下屬機構。孫過世後，
1925 年 5 月 20 日，第 85 次中執會曾有關於「政治
局」設置討論案，決議只推汪精衛、戴季陶、邵元冲
三人提出報告，沒見下文。不過，本案出現「政治局」
三個字，足見中政會的本質。6 月中旬，中政會開會決
定建立國民政府。初無法定地位的中政會，這時擴大權
力，在黨權分配發生爭議情況下，反祭出自我定位的條

---

10 俄蘇維埃政權初建，布爾什維克黨與政權的執行和決策機構是中
央委員會，後因人數膨脹，中央全會變成泛泛的政治討論會。故
從 1919 年俄共（布）八大始建「政治局」，使決策權移到人數較
少的政治局，其成員最初包括人民委員會正副主席、共產國際主
席、陸海軍人民委員、真理報主編、俄共中委會書記處書記等。
這個機構大小事都管，成為真正意義的最高政府權力機構，即列
寧所講的「寡頭政治」。列寧，〈共產主義運動中的「左派」幼
稚病〉，中共中央馬克思恩格斯列寧斯大林著作編譯局編，《列
寧選集》，卷 4（濟南：人民出版社，1972），頁 203。又參見盧
艷香，《中國國民黨中政會研究（1924-1937）》（北京：社科文
獻社，2016），頁 28。

款：1.中政會設於中執會內，以指導國民革命之進行，
2.關於政治之方針，由中政會決定，以政府之名義行
之。[11] 第 1 項「國民革命之進行」，應偏重在黨務的擴
張與發展，不免與中執會任務有疊床架屋之虞，甚至喧
賓奪主侵蝕了中執會原有的角色和職權。從後來的發展
看出，中執會的確淪為中政會的執行機構。第 2 項，明
顯以中政會為決策機關，以國民政府為執行機構，觀察
後來長時間中政會的作為，類近俄共「政治局」角色，
左右了黨國大政。1928 年 2 月，長期身為中政會委員
的譚延闓，就曾婉轉指出：中政會不啻為國民黨的「太
上政府」，[12] 即是此意。

　　1926 年 1 月，國民黨在廣州開第二次全代會，國
民黨左派、跨黨者與鮑羅廷主導了大局，在修正「總
章」時，增列了中執會在必要時，「得設立特種委員會
（如政治委員會等）」一項。1 月 23 日二屆一中全會，
通過「政治委員會組織條例」七條。至此，中政會在黨
統上才有設置的合法性。二屆中執會中央執、監委有
80 人，人多、運作不易，另成立「常務委員會」（中
常會）維持黨務正常運作。儘管中政會名義上隸屬中執
會，應向中常會負責，但因時局變幻莫測，兩會或分或
合，權力消長之間，又夾雜著國共複雜關係，構成了民

---

11 〈關於政治委員會及政治會議述略〉，「中央執行委員會政治會
　議報告」，1928 年 8 月 10 日，中政會檔，油印件，中國國民黨
　黨史館典藏號 00-1-8。
12 時任中政會委員的譚延闓在 129 次中政會上說：「舉凡一切黨政、
　省政均由政會核定，故以有以太上政府目之者。」1928 年 2 月 22
　日中政會議紀錄，中國國民黨黨史館典藏號：中央 0129。

國政治史、國民黨權力運作史的另一圖景。[13]

四

　　1920 年代初期（1924-1927）以國共關係為基礎，是國民黨史上的「聯俄容共」時期，在中共黨史則稱之為「第一次國共合作」時期。孫中山當年為打開中國政治的出路，以俄共歷史為模範、為先例，在鮑羅廷指導下的國民黨「改組」，將俄式的「革命民主」（包含一黨專政、黨國體制）引入，取代了英美式的民主。「俄化」，今天看來，絕對是民國政治的重大歷史轉折，其影響甚至以迄於今。

（一）國共合作，起始就同床異夢

　　國共初期關係即詭譎複雜，從國民黨第一屆中執會《會議紀錄》，可以有以下的幾點觀察：

　　第一、國共合作，基礎脆弱。由國民黨角度看，「我中有你」實不等於「你中有我」。共產黨人以個人身份加入國民黨，是孫中山的堅持，但國共雙方黨人均無法逃出各自的傳統及「動員黨」的「黨團」作用。你暗我明，不免猜忌，聯容政策初行，國民黨老黨員形成的北京俱樂部，後來發展出來的西山會議派，對俄化、黨權分配均不無疑慮；中共初創元老陳獨秀、瞿秋白，開始也不看好俄共導演的「送作堆」戲碼。當國民黨

---

13 中政會初期運作可參考王奇生，〈中政會與國民黨最高權力的輪替（1924-1927）〉，《歷史研究》，2008 年 3 期，頁 63-80；盧艷香，《中國國民黨中政會研究（1924-1937）》，頁 18-68。

人了解共派人士當初加入國民黨確曾有自我發展的考
量，對共黨的「寄生」政策，別有用心、「不懷好意」
時，[14] 雙方排斥的力量便難澆熄。兩黨衝突事件的加劇
及惡化，在國民黨掌門人孫中山生前已見跡象，1924
年 7 月 1 日，第 41 次中執會發佈關於黨務宣言，直謂
共派與國民黨人有明顯分道而馳的傾向，已使雙方由懷
疑而隔閡。次年，孫過世後，國共糾紛層出不窮，終致
分手，實在意中。1925 年 10 月，中執會 113 次《會議
紀錄》所呈現戴季陶〈國民革命與中國國民黨〉小冊，
加上後來的〈孫文主義之哲學的基礎〉長文，國共雙方
理論爭執已浮上檯面，這是後來共產黨人圍剿「戴季陶
鬼」的前奏曲。同年 11 月下旬，西山會議開鑼，11 月
24 日，中執會北京執行部在 122 次中執會提出報告，
直斥同志俱樂部、民治主義同志會及西山會議派鄒魯、
林森、謝持等人的反共產派「喪心病狂作為」，黨內所
謂左派、右派被分化出來，視同水火，黨內容共、反共
兩陣營，這時已撕破臉對著幹。於是，國共問題，此後
逐步演變成為「你死我活」的政治話題。

　　第二、國民黨改組初，中共黨員可以兼跨國、共
兩黨黨籍，1922 至 1927 年間，人數本就不多的共產黨
人，究竟有多少人入籍國民黨，並無明確記錄。一般知

---

14 1923 年 6 月 12 至 20 日，中共在廣州召開三次全代會，有「關于
　國民運動及國民黨問題的決議案」，顯示不論俄共代表或中共黨
　人，對「國共合作」均已另有盤算。近年陸續出土的俄共文件，
　已可複按，見中共中央黨史研究室編譯，《共產國際、聯共（布）
　與中國革命運動（1920-1925）》（北京：北京圖書館出版社，
　1997）又參見李玉貞，《國民黨與共產國際（1919-1927）》。

名的共產份子如李守常（大釗）、陳獨秀、譚平山、毛
澤東、周恩來、瞿秋白、于樹德、張國燾、于方舟、韓
麟符、張太雷、蘇兆徵等，多半是出任國民黨中央或地
方重要幹部而為人熟知；另有一批黃埔學生公開身份
的，如徐象謙（向前）、陳賡、蔣先雲、左權、許繼慎
等；有些人除非自清，否則在當時可能面貌模糊的，在
早幾年社會主義流行時，甚至連戴季陶都曾參與共黨發
起，其他如周佛海、陳公博、沈定一等早期參加過共
黨，報界的邵仲輝（力子），行徑予人投機之感。改組
對國民黨黨組織的發展的確發揮很大力量，在《會議
紀錄》揭載的文件中，說明在省以下的許多地方黨部
先後成立，至少在 1926 年二大之前，國民黨正式成立
了 11 個省黨部，籌備中的有 8 省，特別市黨部正式成
立者 4 個市，另包含陸、海軍、警察 10 處。改組前號
稱有黨員 20 萬，多半不知藏身何處，但此時期重新辦
理登記，納入黨的基本組織，一旦動員，很快顯現「黨
力」。但這時期黨部真正負責組織、宣傳、工人、農民
等下層群眾運動工作的，多半是共產黨人，他們的影響
力自不可小覷。

（二）毛澤東是國民黨代理宣傳部長

　　這一時期，國民黨中央有一位跨黨人物，很算活
躍，其動向值得注意，他就是毛澤東。[15]

---

15 李戡蒐集其家藏及國民黨黨史館藏史料，撰寫成專書，見李戡，
　《國民黨員毛澤東》（臺北：李敖出版社，2014）

在俄共指示下，1923 年共黨份子開始陸續加入國民黨，中共創始黨員之一的毛澤東，大約也在這股入黨潮時，變成國民黨人——跨黨黨員。1924 年 1 月，毛出現於廣州，他以湖南地方組織代表身份出席在廣東高師孫中山主持的第一次全代會，他任章程審查委員，據記載，他為維護共產黨員可以跨黨及反對西方比例選舉制，在大會中有所表現。1 月 30 日，毛被大會推選為中央候補執行委員。這個身份對他參預國民黨中央及地方的活動均有幫助，例如他可以參加中執會、可以出任地方執行部職務、可以出任中央黨部代理部長。

1924 年 1 月底 2 月初，毛出席了第一屆中執會一至三次會，第四次有提案未出席。接著他奉派到上海執行部（環龍路 44 號）擔任組織部秘書，這時國民黨的胡漢民、汪精衛、于右任、葉楚傖，共產黨的沈澤民、瞿秋白、鄧中夏、惲代英、向警予、邵力子、張秋白等，均在此辦公。所轄地區包括蘇、浙、皖、贛、滬等地。中共也以上海為重鎮，毛一度同時兼有中共組織部長的職務，並以國民黨左派自居，可見毛身跨二黨活動，顯著活躍。這一年年底，他以腦病請假回湘。1925年上半年，毛在湖南進行農民運動，並在家鄉發展國民黨地方組織。9 月再到廣州，10 月 5 日第 111 次中執會，因汪精衛的推薦，出任國民黨代理宣傳部長；1926年 2 月 5 日，二屆第二次中常會，汪精衛再次推薦毛續任代理宣傳部長，直到同年 5 月 25 日，二屆二中全會通過「整理黨務第二決議案」，跨黨者不准充任國民黨黨中央機關之部長後，毛才正式辭去國民黨代理宣傳部

長職。也就是說 1925-1926 年間毛澤東曾擔任國民黨代理宣傳部長七個月又二十天。

國民黨宣傳部之設置，始於 1923 年改組醞釀時期，與孫中山想掌握五四時代的思潮與脈動有關。改組前主掌宣傳業務的有張繼和葉楚傖，1924 年改組之後第一屆中執會時期，擔任宣傳部長的依序是戴季陶（1924.1.31-6.30）、劉蘆隱（代理，1924.6.30-8.14）、汪精衛（1924.8.14-1925.10.5）、毛澤東（代理，1925.10.5-12.31）、汪精衛（1926.1.23-2.5）、毛澤東（代理，1926.2.5-5.28）。戴季陶新聞記者出身，長於理論，汪精衛演說及文字動人，出長宣傳，允為適任人選。當初孫中山改組黨務，一重組織、二重宣傳，他說過去無組織、無統系，人自為戰的宣傳固是落伍，辛亥後連個人宣傳也放棄，加上鮑羅廷在一大強調俄革命成功賴宣傳，加深了要求黨強化宣傳的力道。在戴、汪時期宣傳部的工作，表現在中執會《會議紀錄》的，有幾個面向：一、統一且頻發黨的對內、對外主張，由中央透過各地執行部、省黨部宣傳統一發佈，這樣的宣傳機器運作是過去少見的。例如為北洋政府濫捕黨人告國民書（36 次會議），對各國退款、賠款宣言（42 次），對中俄協定宣言（43 次），反對聯省自治運動（69 次），召開國民會議宣言（86、95 次），對沙面事件宣言（90 次），反帝廢不平等條約訓令（92 次），國民黨目前反帝、反軍閥宣傳大綱（98 次）等政治大問題。二、協助黨刊、黨報的成立及發行。北京《民生週刊》、《新民國雜誌》、上海《新建設雜誌》、廣州《革命評論》、漢口

《國民週刊》等黨的刊物先後創辦，影響力較大的廣州及上海兩地分別出版《民國日報》，成為知名的黨報。1924 年 4 月，成立中央通訊社，成為黨的喉舌。

　　1925 年 10 月，國民黨負責宣傳的汪精衛，因事忙，兩次找上毛澤東代理部長。汪與毛曾在上海執行部共事過，交情如何並不清楚，不過汪對毛的文采應不陌生。毛代理宣傳部長近八個月，一共出席中執會會議 15 次。他在任時期的「政績」，除了宣傳部蕭規曹隨發佈黨對時局的態度立場言論外，約略還可以看到一些其他的想法和作法：一、1925 年 10 月，毛鑑於各地「反革命派」（主要指北方的安福系、研究系、聯治派、新外交系、買辦階級），對廣東工作有實行共產、英俄夾攻、內訌自殺等造謠誣衊之言論，親自草擬一份通告，說明宣傳部應付要旨，決定由該部出版週報，內容以十分之九作事實敘述，十分之一為辯正的議論，散發各地，「對外為反攻的宣傳，對內為切實的解釋」。（117 次議會紀錄）。這就是毛任內正式出版的《政治週報》。二、為了打通黨宣傳機器的血脈，毛要求各執行部、省黨部、特別市黨部之各宣傳部與中央宣傳部連成一氣，下級按月彙報工作詳情，中宣部則計畫在上海設立交通局對北方作連絡據點（118 次會議紀錄）。三、毛主持的中宣部，此時規劃印製《民族主義》、《民生主義》、《汪精衛演講集》、《三民主義淺說》各萬本發散，同時討論了三民主義編入教科書案。此時代理國民黨宣傳部長的毛，態度算穩重。四、1925 年下半年之後，國民黨內國共糾紛屢起，反共風潮時生，

跨黨的毛又如何應付？基本上，毛是以跨黨者與國民黨
左派結合共同應付國共關係。1925 年 10 月初甫上任，
他即偕陳公博參加中共外圍新學生社大會，13 日參加
113 次中執會討論戴季陶反共小冊風波的解決，會議結
論是撇清黨意與戴個人無關，毛則主張請戴離開上海是
非之地，前來廣州工作。11 月下旬西山派率先在北京
舉行一屆四中全會，大動作反共，主張容共的廣州中
央不能示弱；12 月 4 日，125 次中執會通過毛起草的
「闡明容共意義及斥西山會議派」的通告，歷數「懶
惰右傾黨員」及「叛黨者」之罪過，重申在帝國主壓迫
下，「若吾黨之革命策略不出於聯合蘇俄，不以占大多
數之農工階級為基礎，不容納主張農工利益的共產分
子，則革命勢力陷於孤單，革命將不能成功。」進一步
把黨人劃分為革命與反革命勢力，以便作殊死鬥。毛在
文中雖沒對社會作階級分析，但同一時間，在另一文章
中，毛已把國民黨地主階級及買辦階級視為右派代表，
以階級作社會分析的角度已見端倪。[16] 同一時期，中執
委指責上海的《民國日報》被「反動分子盤據，大悖黨
義」。12 月中旬，左派人士要求查辦，12 月 29 日，毛
以中宣部代部長向 130 次中執會提出報告，否認該報為
黨報，並擬另辦新報。接著毛忙著籌辦國民黨即將在廣
州舉行的二大，並受命在二大中作宣傳工作報告。可見
在國民黨左派眼中，毛還算是很有份量的幹部。

---

16 1925 年 12 月 1 日，毛澤東用階級概念發表〈中國社會各階級的分
  析〉，參見李戩，《國民黨員毛澤東》，頁 212-219。

　　這段時間，毛澤東廣州國民黨中央擔任宣傳要職、在上海執行部主持文書庶務工作、在湖南家鄉辦黨、搞宣傳、運動群眾、拓展黨組織，這些經驗，不能說對他日後的政治生涯沒有幫助。

五

　　1924 年改組後的國民黨，繼承了中華革命黨時期的革命精神，並以服從總理和建國三階段論的革命方略，同時吸收了俄共革命經驗，開始重視組織訓練、推進群眾運動、設立文武黨校，建立黨化、政治化的主義兵和黨軍。在黨外「反赤」，黨內「反共」的氛圍中，孫中山以黨魁威信執行聯俄容共政策，並在中共黨團活動暗潮中，接受包括俄共軍政顧問及盧布和軍火的援助。孫中山及其黨，在尋求外援聲中，聯合軍閥以反軍閥，同時喊出反帝國主義、反軍閥的口號，其手段、方法均稱詭譎。國民黨因此在黨組織型態及內容，由「革命黨」兌變為「革命政黨」，精神幾為之煥然一新。「三民主義」及「國民革命」遂成為中國前途的目標及手段。

　　當然，1924 年國民黨一大及第一屆中央執行委員會，在「以俄為師」的方向下，採取聯俄容共政策，並逐步走向黨國體制，所謂俄化、黨化，其得失之間，在歷史研究中仍有大大的爭議空間。然而，國民黨由黨員疏離、組織散漫到能掌控政治全局，由侷促一隅到一黨獨大，由個力到黨力的表現，都屬可圈可點。在此同時，黨統分裂、派系爭奪、國共對抗、絕俄分共，從

「共同奮鬥」到視如寇讎，[17] 卻又可能是長遠優勢的致命傷。

1954 年 6 月，在臺北的中國國民黨中央秘書處曾編印出版了這一套《會議紀錄》，可惜多所省略。本社特別據原始會議紀錄進行比對，因此篇幅增加，分裝四冊。相信學界對此一慎重其事的「存真」出版態度，一定會格外肯定。這套《會議紀錄》中涉及的許多文件，多半可以在黨史館的「漢口檔案」及「五部檔案」中尋得。當然，這套紀錄不可能提供改組的所有黨務更革資料，例如聯俄時期的經費來源問題，《會議紀錄》固然也有不少黨部經費報告，但俄援如何到來？到來數字有多少？中方資料始終晦莫如深，這只能求諸其他檔案的補充。近年，莫斯科俄國檔案陸續開放、出版，其中有許多當年情報、文件，如今已逐譯為中文，如能有更多昔為極機密。今已公開的不同語文資料參照比對，歷史當會更加透明。史家多半野心十足，常期待打開潘朵拉盒子，以解開更多的歷史之謎，這，往往是他們的奢求。

---

17 1925 年 12 月 31 日中執會 131 次會中，汪精衛提案以第二次全國代表大會名義贈送鮑羅廷鑲有「共同奮鬥」銀鼎，獲得通過。諷刺的是次年 7 月，汪武漢政權便把鮑給趕回蘇俄。

編輯凡例

一、本書收錄中國國民黨 1924 年至 1925 年於廣州召開
之第一屆中央執行委員會會議紀錄。

二、古字、罕用字、簡寫字、通同字，若不影響文意，
均改以現行字標示，恕不一一標注；無法辨識或漏
字者，則改以符號■表示。

三、本書改原稿之豎排文字為橫排，惟原文中提及
「左」、「右」等方向性文字皆不予更動。

目　錄

委員名單

　　民國十三年一月三十一日，中國國民黨第一次全國代表大會第十六次會議選舉中央執行委員、候補中央執行委員、中央監察委員及候補中央監察委員當選名單。

中央執行委員
二十五人

孫總理	胡漢民	汪精衛	張靜江	廖仲愷	李烈鈞
居　正	戴季陶	林　森	柏文蔚	丁惟汾	石　瑛
鄒　魯	譚延闓	覃　振	譚平山	石青陽	熊克武
李守常	恩克巴圖	王法勤	于右任	楊希閔	
葉楚傖	于樹德				

候補中央執行委員
十七人

邵元沖	鄧家彥	沈定一	林祖涵	茅祖權	李宗黃
白雲梯	張知本	彭素民	毛澤東	傅汝霖	于方舟
張葦村	瞿秋白	張秋白	韓麟符	張國燾	

中央監察委員
五人

鄧澤如	吳稚暉	李石曾	張　繼	謝　持

候補中央監察委員

五人

蔡元培　許崇智　劉震寰　樊鍾秀　楊庶堪

第六十二次會議

十四年一月八日

中央執行委員、監察委員、各部部長聯席會議

到會者：廖仲愷　鄧澤如　甘乃光　陳揚煊　楊匏安

主席：廖仲愷
書記：楊匏安

報告事項

一、宣讀第六十一次會議紀錄。

二、秘書處報告：十四年元旦召集各區執行監察委員開
　　會宴敘案。

三、秘書處報告：十四年元旦函約各軍校赴黃花崗宣誓
　　並茶會案。

四、甘乃光同志報告：組織粵軍講武堂特別區黨部經過
　　情形。

討論事項

一、海外部提出：澳洲總支部函稱：議決於十四年四
　　月五日舉行澳洲全屬代表大會，請派專員前往指
　　導案。

決議：派林煥庭同志赴會。

二、秘書處提出：應否照章開除劉樹慶黨籍案。

決議：開除黨籍，並函省署令飭香山縣通緝。

三、鄒校長勉英函：請將國民黨之主義及政綱與經過情
　　形，編訂成帙，列為公民科教授案。
決議：由宣傳部編輯。

四、青年部報告：平民運動計畫案。
決議：通過，但於原案加入體育一門。

五、蒙古黨員烏勒吉函：請委為長途宣傳員，以促北方
　　群眾之覺悟案。
決議：該員北歸時，由宣傳部派為宣傳員。

六、大本營諮議張永福呈：為臚列新加坡同志事實，懇
　　予獎勵案。
決議：由海外部分別致函獎勵。

七、工人部秘書提出：懲戒兵工廠工頭李業榮等案。
決議：密函黃廠長查復核辦。

八、工人部秘書提出：軍人干涉工人事情，加以武力壓
　　迫，應如何處置案。
決議：由工人部致函范軍長。

九、編纂本黨一年工作經過報告案。
決議：通告各級黨部，將一年工作經過及其得失，詳細
　　報告，由本會編纂。

第六十三次會議

十四年一月二十九日

中央執行委員、監察委員、各部部長聯席會議

到會者：林　森　楊友棠　李宗黃　陳揚煊　鄧澤如
　　　　甘乃光　楊匏安　廖仲愷

主席：廖仲愷
書記：楊匏安

報告事項

一、宣讀第六十二次會議紀錄。
二、湖南省黨部報告：十三年十一月份黨務工作案。

討論事項

一、上海執行部組織部函，請指示舊同志登記問題、黨
　　證問題應如何解決案。

決議：

　　（一）由中央訓令從速登記，領取黨證，無黨證
　　　　　者，無選舉權。

　　（二）已通告各地黨部，本年不更換黨證。

　　（三）依據中央決議案，黨證本應貼本人相片，
　　　　　但該處黨員既陳述障礙，應由該執行部酌
　　　　　量辦理。

二、上海執行部電述：該部職員因減薪提出抗議，及舊
　　曆年關需款，乞即匯寄案。

決議：籌匯。清欠由十三年十二月起，案照該執行部最
　　　後決定預算案支給。

三、廣西黨員蒙卓凡函：請派遣專員回桂，作普通的宣
　　傳，以促成國民會議案。

決議：由宣傳部核辦。

四、蒙古黨員克興額函陳：辦理蒙文半月刊事，請籌給
　　款項數百元，以便暫作結束案。

決議：函復：前經飭令停辦，應即結束，所請數百元實
　　　難籌給。

五、陸軍軍官學校蔣中正等呈：請核定革命軍暫行卹賞
　　簡章草案案。

決議：交李宗黃、廖仲愷、甘乃光三同志審查。

六、青年部提出：平民教育計畫內容略有修改，及擬定
　　經費預算表，請討論決定案。

決議：照修正案通過，經費由會計處按月支付。

七、陸軍軍官學校黨代表廖仲愷呈請撫卹學生張作猷家
　　屬案。

決議：由蔣校長、廖黨代表代為募捐撫卹。

八、上海執行部函請早定第二次全國代表大會日期案。

決議：第二次全國代表大會日期，定於本年五月五日，
　　　由組織部擬定選舉代表方法，於下次會議報告。

九、陸軍軍官學校呈：請批准革命軍官佐進級任免及薪
　　餉旅費等草案。

決議：交軍事委員會審查。

十、陸軍軍官學校呈：為擬定革命軍編制草案，請鑒核
　　示遵案。

決議：黨代表不能列入軍級，應另成一系統，直轄於
　　　黨，餘交軍事委員會審查。

十一、廣州特別市黨部函陳整頓計畫及請撥所得捐為
　　　黨部經費案。（函二件）

十二、會計科提議：廣州市政廳及所轄六局之所得捐，
　　　應否撥作市黨部經費案。以上二案併案討論。

決議：照准。

十三、工人部、婦女部提出：設立順德繅絲女工補習
　　　學校，請予補助經費案。

決議：照准；由會計處按月支撥。

第六十四次會議

十四年二月九日

到會者：鄧澤如　林　森　廖仲愷　胡漢民　李宗黃
　　　　譚平山

主席：廖仲愷
書記：譚平山

報告事項

一、宣讀第六十三次會議紀錄。

二、秘書處報告：常務委員鄒魯同志赴京，請假一月案。

討論事項

一、北京中央執行委員會政治委員會電請各執行委員到
　　京開全體會議，兼視總理病；第二次全國代表大會
　　亦決在五個月內召集案。

二、北京執行部電稱：決議自本月三日起，三星期內在
　　京召集全體中央執行委員會議案。

以上兩案決議如下：

　　1. 關於第二次全國代表大會開會時間，由全體中
　　　　央委員會議決定，而開會地點，主張在北京。

　　2. 關於出席第二次全國代表大會代表選舉法之意
　　　　見如左：

　　　　A. 主張領有黨證者，方取得選舉權，且對於此
　　　　　　點，希望嚴格規定，且為辦理選舉手續便利

　　　　起見，必要在選舉日期前一星期，領有黨證
　　　　者方為有效。

　　B. 代表人數，主張採用有限制的比例選舉法，
　　　　即有黨部組織地方，代表人數之規定：最低
　　　　為幾人，最多為大會全數幾分之幾。

　3. 通知中央執行委員會各部，預備自成立以來工
　　作報告，及通知財務委員預備經濟報告。

　4. 關於本黨總章組織法，主張區分部之下分設
　　小組。

　5. 代表大會提案，由各部提出，送交中央執行委
　　員會及各地執行部決定提出。

　6. 各地提案，先期兩月送交中央執行委員會及各
　　地執行部審定，在黨報發表。

三、青年軍人聯合會呈請每月津貼經費案。
決議：照准。

四、廣州特別市黨部擬具預算數目及用途，請核准撥給
　　經費案。
決議：照准。以市政廳及六局、廣州市民產保證局、廣
　　　州市審計處等之黨員所得捐，撥作市黨部經費。

五、陸軍軍官學校政治部函復訓練兵士計畫案。
　　附革命軍各部隊黨代表之職權二份，調查表二份。
決議：
　　（一）黨代表不附軍職，與所在長官同等。

（二）訓練計畫，如調查訓練範圍、訓練實施方法、壁報及士兵調查表、黨代表之職權等。請廖仲愷、李宗黃、甘乃光三同志組織審查委員會，審查報告決定。

六、順德縣黨部函陳黨務不能進展原因，並請撥款補助或派專員到縣協同籌款，以資維持案。

決議：函復自行籌措，暫難補助及派員。

七、總理發下：著議撫卹劉泗合以慰忠魂案。

決議：交海外部議辦。

八、婦女部提出：組織出發前方救護隊，擬具預算，請核准施行案。

決議：由本會發起募捐。

第六十五次會議

十四年二月十二日

中央執行委員、監察委員、各部部長聯席會議

到會者：林　森　廖仲愷　譚平山　甘乃光　張敷文
　　　　楊希閔

主席：廖仲愷
文書科主任：張敷文

報告事項
一、宣讀第六十四次會議紀錄。

討論事項
一、李委員宗黃審查革命軍卹賞章程草案結果報告案。
決議：照審查結果通過。

二、兵工廠長黃騷函復：據匠目李業榮呈稱，無禁止黃
　　衍桃入黨等情案。
決議：交工人部查復。

三、何自強反對批准美商承築沙河路案。
決議：函市政廳查復。

四、新會中區代理常務委員吳劍煌代電：陳述縣黨部籌
　　備員周貫一、鍾南光等包辦黨務，摧殘勞工，勾結
　　軍警，逮捕同志鄧鶴琴、鄧標等情，經中央電縣釋
　　放，並以黨務爭執，應由黨部調處。鍾南光瞞聳縣
　　署，越權受理，不合，應請將案注銷，仍候黨部調
　　處案。

決議：不必傳訊，照前令聽候由黨調處。

五、黨派代表出席促成會聯合會問題案。

決議：電北京執行部徵求意見，速決電復。

第六十六次會議

十四年三月五日

中央執行委員、監察委員、各部部長聯席會議

到會者：胡漢民　鄧澤如　甘乃光　廖仲愷　張敷文
　　　　陳揚煊

主席：廖仲愷
文書科主任：張敷文

報告事項

一、宣讀第六十五次會議紀錄。

二、加拿大所慎尾利分部報告：十四年黨部職員姓名表
　　及相片，請予備案案。

三、黨立貧民生產醫院呈報：十三年病人統計表案。

四、廣州特別市黨部報告：已解決第五區、第九區分部
　　王瑤呈訴呂國治搶銀奪印抗交代案。

討論事項

一、胡委員漢民提議：第二次全國代表大會為自由安全
　　討論黨務起見，應在粵開會，請決定案。

決議：通過。

二、虎門市黨部呈：請援照上海執行部例，請求黨證上
　　免貼相片，請示遵案。

決議：未便照准。

三、虎門市黨部呈：報註消以前分區印信，並自刊木質
　　印信大小兩顆啟用，請核准備案案。

決議：照准。

四、日本中日新聞編譯社郝兆先同志函述與日本民眾聯
　　絡之進行方略，應否預先條陳，請決定案。

決議：先將辦法條陳，再行核定。

五、北京執行部來電稱；馮自由誣告黃伯耀列名賄選，
　　實無其事，應即昭雪，取消通緝，並治馮罪；又造
　　謠挑撥，請速定辦法案。

決議：交中央監察委員會審查。

六、安南總支部籌備專員劉侯武報告：被舉出席國民會
　　議，安南黨務，擬介紹李子峰、陳純侯繼任案。

決議：交海外部辦理。

七、大本營秘書處轉來焦達人等呈：請褒揚給卹核議具
　　復案。

決議：函革命紀念會審查。

八、黨員鄭里鐸函請查究假冒名義，散發傳單，捏詞誣
　　陷案。
　　附
　　1. 符國光呈稱：無故慘被毆打，請傳案嚴辦案。
　　2. 陸軍軍官學校黨員學生林鴻苑等二十四人呈稱：

鄭里鐸構陷符國光同志，及種種不法，請從嚴
懲治案。

3. 黨員周朝郁等三十三人呈：請傳鄭里鐸歸案究
辦，並開除黨籍案。

4. 甲軍隊特別區黨部黨員周士策等二十四人函：請
嚴辦鄭里鐸種種反革命行為，及構陷符國光案。

5. 陳策來函：指證誣攻鄭里鐸並願作證人案。

6. 鄭里鐸函：請查究王器民、符陰二人案。

7. 陳善函：請徹查藉名散發傳單，誣攻鄭里鐸案。

8. 瓊崖改造同志會函請澈查誣攻鄭里鐸案。

以上九案合併討論。

決議：先驗黨證，再行核辦。

第六十七次會議

十四年三月十二日

到會者：楊匏安　甘乃光　陳揚煊　譚平山　張敷文

主席：譚平山

文書科主任：張敷文

報告事項

一、秘書處報告：北京電告：總理於十二日上午九時
　　三十分逝世。

二、起立靜默誌哀。

討論事項

一、秘書處提出：請追加承認第一一四號、第一一五號
　　通告，及致海外各級黨部電文案。

決議：承認。

二、秘書處提出：定期三月十三日下午二時，召集各市
　　黨部、區黨部、區分部、特別區黨部、各常務執行
　　監察委員聯席會議案。

決議：

　　（1）推定胡委員漢民為主席。

　　（2）由主席報告。

　　（3）全體起立默靜致哀。

　　（4）由中央委員致訓詞及今後黨員責任。

三、秘書處提出：因接總理逝世京電，定期召集廣州市
　　黨員大會案。

決議：

　　（1）定期十五日下午一時，在第一公園開黨員大
　　　　　會，並巡行誌哀。

　　（2）中央執行委員會為主席及報告。

　　（3）印先生遺像及宣傳品，由宣傳部辦理。

　　（4）設籌備巡行委員會，每部指派二人，佈置會
　　　　　場，由庶務會同各部辦理。

四、秘書處提出：設孫總理追悼會籌備處案。

決議：

　　（1）定名為孫中山先生追悼會。

　　（2）先由本會設立孫中山先生追悼會籌備委員
　　　　　會，函知各團體加入。

五、秘書處提出：應致電各地執行部案。

決議：由秘書處辦理。

六、擬定各種簡單標語請決定案。

　　一、孫中山先生是中國革命之父；現在中國革命之
　　　　父死了，我們何等哀痛！

　　二、孫中山先生是中國四萬萬人民之慈母；現在中
　　　　國四萬萬人民之慈母死了，我們何等哀痛！

　　三、孫中山先生之精神不死！

四、孫中山先生之主義不死！

五、手創中華民國之孫中山先生死了，我們五十萬黨員應繼續先生之三民主義，為民眾利益而奮鬥。

六、手創中華民國之孫中山先生死了，我們五十萬黨員應繼續先生之三民主義，為建設真正共和國家而奮鬥。

七、手創中華民國之孫中山先生死了，我們五十萬黨員應繼續先生之三民主義，為中華民族解放而奮鬥。

八、手創中華民國之孫中山先生死了，我們五十萬黨員應繼續先生之三民主義，為世界被壓迫民族而奮鬥。

九、我們五十萬黨員應牢記著先生之格言：「革命尚未成功，同志仍須努力。」

十、中國民族革命唯一的領袖死了，我們的責任愈加重大。

十一、孫中山先生死了，而先生之三民主義，必日益昌明。

十二、領導中國國民革命之孫中山先生死了，而中國國民黨不死，國民革命必定成功。

決議：通過。

七、秘書處指出：本黨總理逝世應通告各同志舉行哀奠
　　禮案。

決議：

　　（1）地點　在本會大禮堂。

　　（2）日期　由本月十四起至廿三日止，計十天。

　　（3）時間　上午九時至下午五時。

　　（4）管理幹事　本會推定李子峰、胡榮光，及婦
　　　　女部指派二人擔任。聯席會議加派同志共同
　　　　擔任。

　　（5）儀式　（1）由幹事導至祭壇，（2）行三鞠
　　　　躬禮，（3）靜默誌哀，（4）幹事導出。

第六十八次會議

十四年三月十九日

中央執行委員、監察委員、各部部長聯席會議

到會者：廖仲愷　胡漢民　甘乃光　楊匏安　陳揚煊
　　　　譚平山　張敷文

主席：廖仲愷

文書科主任：張敷文

報告事項

一、宣讀第六十六次會議紀錄。

二、宣讀第六十七次會議紀錄。

三、秘書處報告：林委員森函報中央執行委員會全體會
　　議因人數未齊展期案。

討論事項

一、秘書處提出：孫中山先生追悼會，前次經議決籌
　　備，請議定日期及推派委員案。

決議：

　　（1）時期定四月十二日，海內外一致舉行，併於
　　　　是日正午十二時一律停工五分鐘誌哀。

　　（2）地點廣州在第一公園，各地黨部於可能範圍
　　　　之內，擇廣場開會。

　　（3）儀式：（1）設管理幹事若干人，（2）由幹

事導至祭壇，（3）行三鞠躬禮，（4）靜默
誌哀，（5）幹事導出。

（4）編纂紀念冊，製備紀念章。

（5）推派籌備委員，每團體一人，本會每部一人。

（6）定期本月廿二日午一時召集，各團體及本會
各部籌備委員會議。

二、三月十五日廣州市全市黨員大會宣言案。

決議：由宣傳部起草。

三、上海執行部函詢第二次全國代表大會日期及代表選
舉法案。

決議：俟中央全體委員會會議決定。

四、黨員廖朗如等提議：籌設總理紀念會，鑄像，設圖
書館，蒐輯遺著等事，請公決案。

決議：

（1）在西瓜園建紀念堂，可容一萬群眾，內附
圖書館。

（2）蒐輯遺著，交宣傳部登廣告徵集。

（3）通告海內外各黨部募捐。

五、上海執行部函轉湖北省黨部最低限度每月預算，請
核奪示遵案。

決議：依據上年九月十日政治委員會議決案，各地方黨
部非有特別工作，中央概不津貼經費，以後關於

各地方黨部之經費案，一律根據此案答復。

六、秘書處提出：經驗明鄭里鐸、符國光二人黨證，其
　　互控案應如何辦理案。
決議：概送中央監察委員會審查。

七、宣傳部提出：黨員馬素發表言論，與黨中政策違
　　背，應如何處分案。
決議：交中央監察委員會審查除名。

八、宣傳部提出：黨員江偉藩發表郵電，反對本會之存
　　在，違反紀律，應請照章開除黨籍案。
決議：交中央監察委員會審查除名。

九、北京來電：對於馮自由造謠挑撥請定辦法案。
決議：函催中央監察委員會辦理。

十、胡委員漢民提出：擬開特別聯席會議，關於對滇唐
　　氏事，訓令在職軍人同志案。
決議：定四月廿一日晚七時在本會開會。

第六十九次會議

十四年三月廿一日

中央執行委員、監察委員、各部部長聯席會議

到會者：胡漢民　鄧澤如　甘乃光　陳揚煊　楊匏安
　　　　譚平山　廖仲愷　張敷文

文書科主任：張敷文

主席：廖仲愷

討論事項

一、秘書處提出：陽曆三月廿九日黃花崗紀念祭，應派
　　員主辦案。

決議：由鄧委員澤如，會同中央宣傳部革命紀念會辦理。

二、秘書處提出：本黨對聯治派決議案。

決議：通過。

中國國民黨中央執行委員會對聯治派決議案
中國國民黨中央執行委員會第六十九次會議議決

　　中央執行委員會依照總理遺囑，根據第一次全國代
表大會宣言，於第六十九次會議議決，對於聯治派之主
張，認為與宣言根本不相容，應加以相當之防範。我總
理創立民國以來，帝國主義者日謀壓迫吾黨，乃利用吾
國昏憒之軍閥，以危害我國家，凌夷我種族。是以袁世
凱借外力以稱帝，曹錕借外力以竊位，甚至溥儀復辟，
莫不有帝國主義者周旋其間。於是我總理有討袁之役，

護法之役，以至今茲，十四年間，奮鬥至死；而國民革命，猶未貫澈。我總理北上宣言，以國民會議建設國民的政府，統一中國。帝國主義者深恐不能行其經濟侵略之實，乃亟圖破壞，陰嗾聯治派之軍閥，供其利用；而受其利用之軍閥，亦樂為利用。陽假聯治之名，陰行割據之實，其結果非亡國不止。吾黨負有全民革命重大之使命，為全黨利害計，為全民利害計，對於甘為帝國主義利用，而危及吾黨，危及國本之軍閥，不得不加以相當之防範。凡我同志軍人，務須以全力克服之。故為如上之決議。

三、中央監察委員會提出：香港晨報造謠惑眾，應如何處分案。

決議：查晨報非本黨機關報紙，只係黨員所辦，近日新聞，多捏造事實，違反黨義，淆亂觀聽，先行撤換主筆，聽候查辦。再交中央監察委員會審查。

四、廖委員仲愷：改香山縣為中山縣，由黨施行模範政治，以實行黨綱，訓練實際政治人才案。

決議：通過；函省長公佈施行。

五、廖委員仲愷提出：通告海外各黨部，於追悼會日，大募捐款，購辦飛機二十架，紀念總理，機上書明某埠黨部紀念總理字樣，每機價約一萬元，請公決施行案。

決議：通過。

六、廖委員仲愷提出：通告本市及各縣機關團體黨部，
　　於追悼會日，大募捐款，建中山紀念堂及圖書館，
　　建築費五十萬元，請公決施行案。
決議：通過。

第七十次會議

十四年三月廿六日

中央執行委員、監察委員、各部部長聯席會議

到會者：廖仲愷　胡漢民　鄧澤如　譚平山　楊匏安

主席：廖仲愷
書記：楊匏安

報告事項

一、宣讀第六十八、六十九次會議記錄。

討論事項

一、北京執行部函告：北京大學第三院所開之中國國民
　　黨俱樂部，與本黨毫無關係，請勿誤會案。

決議：根據來函發一通告。

二、中央監察委員會函稱：馬素在大陸報發表之言論，
　　違背本黨主義，應予除名處分案。

決議：通過。

三、中央監察委員會函復：馮自由確有意破壞本黨，應
　　如何議處，請付公決案。

決議：除名。

四、湖北省黨部函：請派劉芬同志前往辦理漢口特別市
　　黨部案。
決議：照准。

五、中央監察委員會函復：查得江偉藩確有意破壞本
　　黨，應予以嚴厲之懲處，以彰黨紀案。
決議：除名。

六、廣州市第一區黨部呈：請嚴厲制止青年會沿途貼
　　「罪惡之償值乃死」等廣告案。
決議：函公安局飭警銷毀。

七、秘書處提出：通告各黨部軍人同志貫澈革命主張反
　　抗聯省自治案。
決議：通過。

八、浙江嘉興縣第二區第一分部函詢本黨對於國民黨同
　　志會舉唐繼堯為理事等叛黨行為，應如何處置案。
決議：函上海執行部查明核辦。

九、唐繼堯通電就職案。
決議：根據一二六號及一二八號通告，通電反對。

第七十一次會議

十四年三月三十日

到會者：廖仲愷　胡漢民　譚平山　鄧澤如　張敷文

主席：廖仲愷

文書科主任：張敷文

報告事項

一、宣讀第七十次會議紀錄。

二、宣傳部報告：四月十二日追悼會準備事宜：

    （1）印遺像咭片；

    （2）印紀念冊；

    （3）備紀念章；

    （4）摘錄政綱，油電燈柱及廣告牆壁；

    （5）宣傳五分鐘休息；

    （6）分發標語各機關案。

討論事項

一、黃行提議：將廣大改名中山大學案。

決議：改名為中山大學，俟有切實改革計畫，然後實行。

二、秘書處提出：四月十二日追悼會經費，擬定由下列
　　各機關分擔，請公決施行案。

    鹽運使　　　三千元

    市政廳　　　三千元

公安局　　　三千元

省署　　　　三千元

財政廳　　　二千元

籌餉局　　　二千元

粵漢路　　　二千元

財政局　　　一千元

民產保證局　一千元

財政部　　　五百元

廣三路　　　五百元

沙田清理處　五百元

決議：通過。

三、組織部提出：規定市或縣黨部最低限度預算草案，
　　請按照數目撥發，以利進行案。

　　（一）職員月薪

　　　　　　秘書處書記一人三十元。

　　　　　　各部幹事三人（一任宣傳組織，一任青年
　　　　　　婦女商人運動，一任農工運動）九十元。

　　　　　　雜役一人連食十五元。

　　（二）各部活動費

　　　　　　秘書處三十元，組織宣傳部三十元，農工
　　　　　　部三十元，青年婦女商人部三十元，雜費
　　　　　　十五元。

　　　　　　合計二百七十元。

　　決議：預算通過；各市或縣黨部應否補助，由中央黨部
　　　　　核定後，函省署令飭該地行政機關或財政機關

　　　　每月按照預算撥發。

四、廖委員仲愷提議：請將香山縣翠亨鄉總理生長故
　　居，永久保存案。

決議：函省署令縣永久保存。

五、廖委員仲愷提出：於四月十二追悼大會日，以本黨
　　名義，提議將香山縣改為中山縣案。

決議：通過。

第七十二次會議

十四年四月二日

中央執行委員、監察委員、各部部長聯席會議

到會者：胡漢民　甘乃光　譚平山　鄧澤如　楊匏安
　　　　陳揚煊

主席：胡漢民
書記：楊匏安

報告事項

一、宣讀七十一次會議紀錄。

二、組織部報告追悼大會進行狀況。

討論事項

一、由農民部通告各地農民協會，酌派代表來省，加入
　　孫中山先生追悼大會案。

決議：通過。

二、由工人部通告各地工會，酌派代表來省，加入孫中
　　山先生追悼大會案。

決議：通過。

三、由組織部通告各地黨部，酌派代表來省，加入孫中
　　山先生追悼大會案。

決議：通過。

四、組織部提出：組織徵求黨員委員會案。

決議：通過；並推定組織部、工人部、農民部、青年
　　　部、婦女部、商民部、宣傳部、海外部、青年
　　　軍人聯合會，各派一人組織之。

第七十三次會議

十四年四月六日

到會者：廖仲愷　胡漢民　鄧澤如　譚平山　張敷文

主席：廖仲愷
文書科主任：張敷文

報告事項

一、宣讀第七十二次會議紀錄。

二、上海執行部電催匯款案。

三、廖委員仲愷報告：徵收汽水捐為平民教育經費案。

四、北京治喪處電告：四月三日結束以後，函電請寄滬部案。

討論事項

一、李芝龍等電請特赦桂永清案。

決議：陸軍軍官學校教導團第二團第九連連長桂永清，此次獲敵衣物不報，違犯軍律，罪有應得；惟念該連長作戰以來，淡水之役、紅湖之役、興寧之役，幾次衝鋒，攻破賊巢，首先入城，電流砲彈，挺身不畏，奮勇出眾，不無足錄，應免處死；著仍在連長任內，帶罪圖功，予以自新之路。

快郵代電

萬急，廣州中央執行委員會廖黨代表鈞鑒：此次攻克興寧，教導第二團第九連連長桂永清，奮勇衝鋒，首先登城，厥功甚偉，只以俘敵衣物（不屬於軍用品者，軍用品均已繳公家），未報公家，校長以該連長不能表率全連官兵，恐貽惡風，將其判處死刑。核與革命軍刑事條例，頗有不符，業經何、錢兩團長、團黨代表、俄顧問、區黨部當面討保，請予從寬處治，未蒙邀准。現因總理喪期，尚未執行槍決。查桂永清自畢業後，出發討賊以來，迭建殊勛，淡水之役，以功擢升連長；紅湖之役，衝破頑敵；及此次興寧之役，幾次衝鋒，攻破賊巢，首先入城，電流砲彈，挺身不畏，其勇敢為黨之心，出於天性，已可概見。於此優良幹部，徵之吾黨，殊不多覯。今以事獲罪，竟處死刑。生等為黨為國計，不忍同志同學之中，冤罹慘劇，苟能稍為原情，應當假以生機，予其自新之路。否則言念吾黨前途，至堪悲痛，萬望鈞座速電校長，變更成案，從寬處治，使其重覩天日，則永清感公再生之德，當刻骨難忘，益知砥礪，而生等亦感且不朽矣。臨電毋任惶恐待命之至。

學生李芝龍、酆　悌、馮　毅、薛文藻
　　　唐　震、袁家猷、賈伯濤、黃奮銑
　　　龔少俠、張漢良、徐石麟、郭德昭
　　　鄔與點、吳重威、雷　德、馬師恭
　　　張瀰川、蕭冀勉、李樹敷、胡　博
　　　鍾煥全、杜心枝、劉漢珍、梁錫祜
　　　劉蕉元、李奇忠、孫常鈞、李　模

黃　杰、鍾　偉、王體明、何　青
杜成志、凌拔雄、賀德隆、謝遠灝
艾啟鍾、耿澤生、符明昌、黃徽泮
范振亞、鍾煥群、孫天放、韓紹文
黎庶望、陳文清、黃承謨、何玉書
鄧振銓、梁廣烈、傅鯤翼、胡棟臣
譚肇明、劉保定、周惠元、羅　群
陳　皓、侯克聖、陳錫鑄、葉斐文
吳　佑、何士翹、劉肇文、林朱檈
梁文璞、侯又生等　　　　　同叩勘

二、徵求委員會提出：徵求黨員章程，請公決施行案。
決議：修正通過。

中央徵求黨員委員會章程

　　　　　　　十四年四月六日一屆七三次中執會通過
第一條　　徵求黨員委員會，由中央執行委員會推定組
　　　　　織部、工人部、農民部、青年部、婦女部、
　　　　　商民部、宣傳部、海外部、中國青年軍人聯
　　　　　合會各派一人為委員，共同組織之。
第二條　　於九個委員中，互選一人為秘書，辦理日常
　　　　　事務。
第三條　　徵求黨員，分為九隊，每一委員擔任一隊之
　　　　　總隊長，其下設隊長若干人，隊員若干人，
　　　　　皆由總隊長指派。
第四條　　徵求黨員期限，由十四年四月十三日起至五

月三十一日止。

第五條　各隊派定隊長隊員後，即將人數及名單，彙交秘書報告中央執行委員會。由中央執行委員會發給證書，及各種表冊，於四月十三日分途進行。

第六條　隊員對於被徵求入黨者，應為介紹人之一，關於願書及入黨表，須令入黨者填寫明白，尤須填寫入黨者之詳細住址。

第七條　於徵求期限既過一星期以內，各總隊長須負責將該隊所徵求之黨員人數及表冊，彙交秘書轉送組織部，分別編配於各該所屬區分部。

第八條　隊員及隊長徵求成績最優勝者，由中央執行委員會給與獎章；各隊之成績最優勝者，由中央執行委員會給予獎狀或獎旗。獎勵方法，由中央執行委員會定之。

第九條　此章程經中央執行委員會核准施行。

三、港澳籌備委員會呈來組織案及預算表，請予察核案。

決議：照准。

附錄本部辦事職員表

秘書處

常務委員三名　周樹垣　黃金源　馮　敬

會計委員一名　廖祝三

庶務委員一名　黃　忠

（一）如有同志入黨者，由秘書處介紹到組織部與他接洽。

（二）凡組織三個區分部然後組織一分部。

（三）入黨年費分派：二成歸港澳總支部，三成歸分
　　　部，五成歸區分部。

（四）所有本部印刷品及士担由中央執行委員會取用。

計開秘書處預算表

書記一名　　　每月薪金廿五元

什役一名　　　每月薪金十二元

茶烟柴　　　　每月約銀五元

租項費　　　　每月銀三十元

筆墨文件　　　每月約銀一十元

士担舟車費　　每月約銀一十元

傢私組　　　　每月銀九元

七柱每月預算共銀壹百零壹元

組織部　主任　戴卓文

調查委員貳名　袁　燊　譚海山

登記委員貳名　黃巨洲　熊振文

組織委員三名　文公博　梁子光　唐麗波

二月九日組織部議案列

列席者　參加　楊匏安先生

　　　　　　　戴卓文　文　棠　熊振文　梁子光　袁　燊

　　　　　　　唐麗波　譚海山

港澳籌備委員會抄呈組織及預算案

（一）香港各級黨部設置計畫——決議：

    （1）每個團體設一分部；

    （2）一個分部之下，最少設三個區分部；

    （3）有十個以上分部成立，然後組織香港支部。

（二）進行方法，決議於每個團體之中選派一名為該分部籌備員，負責組織所屬區分部，同時組織部派員指導。

（三）未有團體者，應先從區分部著手，待有三個區分部成立，然後組織分部，此項工作，完全由組織部辦理。如該地方已有一個區分部成立者，可酌量選派分部籌備員。

（四）辦事地點：決議由聯義社商借。

    辦事時間，由每日十二時至二時。

（五）各團分部籌備員之選派，決議由組織部及秘書處開列名單，提出籌備委員會決議，由籌備委員名義委派。

計開組織每月預算表

書記貳名　　　　　　每月薪金伍拾元

什役一名　　　　　　每月薪金壹拾元

調查及組織員舟車費　約銀卅元

筆墨紙費　　　　　　每月約銀一十元

                 四柱每月預算共銀壹佰元

宣傳部　主任林昌熾

宣傳員　胡　蔭　胡澤泉　蘇兆徵　杜滄洲

編　纂　李乙保　梁麗生

二月九日宣傳部第一次會議案錄

列席者　參加　楊匏安先生

　　　　林昌熾　胡蔭　蘇兆徵　胡澤泉

　　　　鄧溥（杜滄洲代表）　李乙保

（一）宣傳部進行計畫

　　　（1）注重黨的教育，就現有可以設置分部之團
　　　　　　體及已成之區分部派員演講。

　　　（2）有群眾集合之處，須派員演講。

　　　（3）印行旬刊

（二）經費問題：決議由林同志擬定預算，報告中央
　　　黨部請予補助。

（三）辦事地點：決議向海員工會商借。

（四）辦事時間：決議每日下午六時至八時。

（五）僱用書記一名：決議僱用書記，每月薪金廿元
　　　之譜。

計開宣傳部每月預算表

書記一名　　每月薪金廿五元

宣傳員　　　每月出發舟車費約卅元

印行旬刊　　每月約銀五十元（一仟份）

紙筆墨什費　每月約銀一十元

　　　　　　四柱每月預算共銀壹佰壹拾伍元

秘書處、組織部、宣傳部預算合計三百一十六元

（六）預算額：

　　　秘書處每月預算共銀壹百零壹元。

　　　組織部每月預算共銀壹百元。

　　　　宣傳部每月預算共銀壹百壹拾五元。

　　　　合計每月預算共銀參百壹拾陸元。

四、譚委員平山提出：四月十二日追悼大會，請推定主
　　祭案。

決議：推定胡漢民同志為主祭。

五、譚委員平山提出：四月十二日追悼大會祭文請推定
　　起草並祭文內應具要點案。

決議：由胡漢民、陳秋霖二同志起草：

　　　　（1）根據宣言與遺囑；

　　　　（2）總理生平；

　　　　（3）主義要點；

　　　　（4）今後國民及同志責任。

六、譚委員平山提議：四月十二日追悼大會儀式，請擬
　　定宣佈，及開會後應否巡行案。

決議：儀式：

　　　　（1）哀樂

　　　　（2）向遺像行三鞠躬

　　　　（3）哀樂

　　　　（4）默哀

　　　　（5）讀祭文

　　　　（6）宣佈總理事略

　　　　（7）唱革命歌

　　　　（8）巡行（並唱革命歌）

七、組織部提出：第二次全國代表大會選舉法案。

決議：

    （1）選舉用單舉法；

    （2）每省黨員滿五百人者，舉代表一人，不及五百人者，亦得舉代表一人；

    （3）滿一千人者舉代表二人；

    （4）滿二千人者舉代表三人；

    （5）滿三千人者舉代表四人；

    （6）滿五千人者舉代表五人；

    （7）滿七千五百人者舉代表六人；

    （8）滿一萬人者舉代表七人；

    （9）滿一萬二千五百人者舉代表八人；

    （10）滿一萬五千人者舉代表九人；

    （11）滿二萬人者舉代表十人；

    （12）最多者為十人；

    （13）特別市與省同；

    （14）軍校特別區黨部與省同。

八、組織部提出：請決定第二次全國代表大會選舉起止日期，及選舉手續案。

決議：

    （1）定六月十五日開始選舉；

    （2）限七月十五日以前選舉完竣；

    （3）選舉手續由中央組織部定之。

九、上海執行部東電略稱：選舉權因各地情形不同，似
　　應略留伸縮餘地，應如何辦理案。

決議：

　　（1）電復上海執行部維持原案，凡有黨證兼貼足
　　　　　印花者，有選舉權。

　　（2）即派人送黨證到滬。

　　（3）在黨報登長期廣告，催領黨證及貼印花。

十、廖委員仲愷提議：陸軍軍官學校教導團第二團攻克
　　興寧戰績，請予褒獎案。

決議：獎名譽旗，並寄獎贊。

十一、廖委員仲愷提議：粵軍第一師陳銘樞旅，在神光
　　　山殲滅敵人主力，請酌予獎勵案。

決議：給予獎贊。

十二、陸軍軍官學校廖黨代表仲愷提議：請以軍校教導
　　　團一、二兩團成立黨軍第一旅，委第一團團長
　　　何應欽兼充旅長，沈應時為第二團團長；全旅
　　　仍歸校長蔣中正節制調遣案。

決議：通過。

第七十四次會議

十四年四月九日

中央執行委員、監察委員、各部部長聯席會議

到會者：胡漢民　鄧澤如　李宗黃　甘乃光　陳揚煊
　　　　楊匏安　譚平山　張敷文

主席：胡漢民
文書科主任：張敷文

報告事項

一、宣讀第七十三次會議紀錄。

二、譚委員平山報告：四月十二日追悼大會，「監察員
　　應知事項」、「追悼儀式」及「赴會者須知」三項
　　印刷品案。

討論事項

一、北京執行部函：請通知徵求各同志，對於全國代表
　　大會組織法及選舉法意見案。

二、北京中央執行委員會江電：請通知各同志，徵求第
　　二次全國代表大會選舉法意見案。
　　以上二案合併討論。

決議：照前次議決選舉法函復，並徵集各黨部意見。

三、中央監察委員會函復：梁歧玉、朱子雄等控告楊吉

一案，與事實不符，應撤銷，對於原告並應予以懲
戒案。

決議：楊吉如有違犯黨紀，當另案查辦。至摧殘農會
　　　一案，經查明係順德保衛團及護沙領統嚴博球
　　　所為。該沙田自衛局，不能盡保護農民之責，雖
　　　咎有應得，然既經中央監察委員會審查報告，該
　　　沙田自衛局對此事無直接關係，故未便深究，今
　　　梁歧玉所控與事實不符，應將案撤銷。

四、中央監察委員會函復：香山縣黨部糾紛一案，應請
　　中央執行委員會行使黨權，訓令分庭將案撤銷。

決議：

　　（1）函詢香山分庭原告是否已經自請將案撤銷；

　　（2）現該訴訟是否在進行中；

　　（3）應用何種手續將案撤銷。

五、潮安分部長林少梅電：控黃人雄叛黨附逆種種罪
　　惡，請通緝究辦，並革除黨籍案。

決議：交監察委員會審查。

六、中央監察委員會函復：審查何四民彈劾李仙根案，
　　應予撤銷，及應查究何四民以杜效尤案。

決議：將案撤銷。

第七十五次會議

十四年四月十六日

中央執行委員、監察委員、各部部長聯席會議

到會者：鄧澤如　胡漢民　譚平山　甘乃光　張敷文

主席：胡漢民
文書科主任：張敷文

報告事項

一、宣傳第七十四次會議紀錄。

二、組織部提出：藍代表裕業報告，國民會議促成會聯
　　合會，在京開會出席人數及情形案。

三、鄧委員澤如報告：本年公祭黃花崗用款數目案。

四、甘乃光同志報告：徵求黨員委員會進行方案。

討論事項

一、覆議陸軍軍官學校蔣校長中正函復：特赦桂連長永
　　清自當遵辦，惟須處以無期徒刑，是否有當，請核
　　奪施行案。

二、陸軍軍官學校王參謀長柏齡等電請赦釋桂永清案。
以上二案合併討論。
決議：應免桂永清死罪，令蔣校長酌量減等處分。

三、陸軍軍官學校特別區黨部呈請獎給教導團一、二兩

團榮譽旗，並獎砲兵營榮譽旗，以賞有功，而勵將
來案。

決議：下次討論。

四、大本營轉來上海大學學生會函：請更改校名，增設
科目，以總理之學說為研究之對象案。

決議：改名為中山大學，俟有切實改革計畫，然後實行。

五、組織部報告：據湖北劉芬同志函述湖北〇〇市黨部
組織不合法，未經中央承認，請酌量辦理案。

決議：由本月起每月津貼劉同志芬個人生活費大洋八十
元，該〇〇市黨部以前不合法之組織，本會絕
不承認，應由劉同志芬從新組織特別市黨部。

六、宋子文同志函請提議接收潮橋鹽務支所案。

決議：函廖委員仲愷就近與許總司令協商辦理。

七、海外部提出：第二次全國代表大會海外代表選舉法
草案案。

決議：海外與內地情形不同，其選舉法自與內地稍異，
候交中央執行委員全體會議決定。

八、汪委員兆銘電：請通告於五月二日以前，在廣州召
集中央執行委員全體會議案。

決議：通過；電北京執行部、上海執行部召集，定五月
二日舉行。

九、中華海員工業聯合會廣州總部函：請黨政府責令西
　　北各江軍隊撤銷征收船舶旗照等費機關案。

決議：函省署、楊總司令辦理。

十、青年部提出：台山縣黨部陳孔初等呈報中學校長黃
　　明超反對誌哀，制止學生巡行及懸插青天白日旗，
　　請將其革職嚴辦案。

決議：函省署辦理。

十一、胡委員漢民提議：請定期收集中山紀念堂捐
　　　款案。

決議：定期四月二十日為第一次收集捐款期。

十二、胡委員漢民提議：囑海外部以後發電須交由省署
　　　代發，且注意簡要，以省糜費案。

決議：通過。

十三、徵求黨員委員會請撥經費，以利進行案。

決議：由孫中山先生追悼會餘款撥二千元為徵求黨員費。

十四、譚委員平山提議：反對金佛郎案應如何辦理案。

決議：根據前次宣言發通告。

第七十六次會議

十四年四月二十日

中央執行委員、監察委員、各部部長、主任秘書特別聯席會議

到會者：胡漢民　廖仲愷　許崇清　陳揚煊　詹菊似
　　　　張敷文　李宗黃　譚平山　甘乃光　唐允恭

主席：廖仲愷
文書科主任：張敷文

報告事項

一、北京中央執行委員全體會議令：每逢開會時，由主席恭誦總理遺囑，全場起立案。

二、宣讀第七十五次會議紀錄。

三、胡省長函復：已改香山為中山縣，併刊發銅質縣印案。

四、梧州市執行委員會執行委員李濟深等呈報就職案。

討論事項

一、秘書處報告：北京中央執行委員全體會議決議，令各省區限七月一日以前，將各黨部組織成立，並在召集代表大會選舉前，依照進行計畫案辦理，先期報告，請求派人召集案。

決議：通告各級黨部。

二、秘書處報告：北京中央執行委員會議議決：第二屆
　　全國代表大會在八月上旬召集案。

決議：前已電復同意。

三、秘書處報告：北京中央執行委員全體會議會期二十
　　天，期內廣州應行停止開會，各部照常辦事案。

決議：電復北京中央執行委員會，未接庚電無從停會；
　　　十七日接函後，期內並無開會。

四、福建臨時省黨部函：請依照上海執行部辦法，黨證
　　上免貼像片，應如何辦理案。

決議：所請黨證上免貼像片，礙難照准。

五、秘書處提出：再議陸軍軍官學校特別區黨部函請發
　　名譽旗，獎勵教導團一、二兩團，並發名譽小旗，
　　獎勵砲兵營案。

決議：教導團一、二兩團名譽旗未據請求以前，已由中
　　　央議定頒發；其砲兵營名譽小旗，准予照發。

六、廖委員仲愷提議：五月五日由黨接收香山縣行政
　　權案。

決議：函請省署令行該縣預備到期交代。

七、孫中山先生追悼會籌備委員會報告收支數目案。

決議：交中央執行委員會審查。

八、廖委員仲愷報告：東江肅清情形，及應如何整理內
　　政案。

決議：發東江肅清後對廣東人民宣言。

九、廖委員仲愷報告：潮梅海陸豐等處財政民政權，
　　概交黨代表設政治局辦理，按月報告中央黨部及省
　　署案。

決議：通過。

十、廖委員仲愷提議：香山縣應用何制辦理案。

決議：用單獨制。

第七十七次會議

十四年四月二十三日

中央執行委員、監察委員、各部部長聯席會議

到會者：胡漢民　廖仲愷　譚平山　鄧澤如　甘乃光
　　　　張敷文

主席：廖仲愷
文書科主任：張敷文

報告事項
一、主席恭誦總理遺囑，全場起立。
二、宣讀第七十六次會議紀錄。

討論事項
一、滇軍幹部學校特別區黨部呈請增加津貼，以資發
　　展案。
決議：照准；每月津貼一百五十元，由會計科發給。

二、江蘇省黨部提出：第二屆全國代表大會選舉法，及
　　各地黨部經費問題之意見案。
決議：交組織部審查，擇要彙齊，提出全體委員會議。

三、中國共產黨中央執行委員會函稱：對於總理臨終之
　　政治遺囑，及反對帝國主義和軍閥革命事業，深表
　　敬意，希望吾黨繼續努力奮鬥，則全國及世界無產

階級，和第三國際下一切友黨，皆將予以熱烈之援
助案。

決議：復函；由甘乃光同志起草。

四、陸軍軍官學校校長蔣中正、黨代表廖仲愷呈：請委
錢大鈞為教導團第三團團長案。

決議：照准。

五、秘書處提議：反對金佛郎案。

決議：發表宣言，由伍朝樞同志起草。

第七十八次會議

十四年四月三十日

中央執行委員、監察委員、各部部長聯席會議

到會者：胡漢民　鄧澤如　何香凝　譚平山

主席：胡漢民

書記：譚平山

報告事項

一、主席恭誦總理遺囑，全場起立。

二、宣讀第七十七次會議紀錄。

三、浙江臨時嘉興縣執行委員會郵電主張，在廣州開第二次全國代表大會，以保大會之安全與自由，希鑒納案。

四、秘書處報告：七十三次會議漏編廖黨代表仲愷提議，請以軍校教導團一、二兩團成立黨軍第一旅，委第一團團長何應欽兼充旅長，沈應時為第二團團長，全旅仍歸校長蔣中正節制調遣等情，應補編入會議錄，以符手續。

討論事項

一、中央監察委員會函復：審查軍官學校陳應瑞侵吞糧餉，應照革命軍刑事條例，處以監禁，並開除黨籍案。

決議：批准。

第七十九次會議

十四年五月七日

中央執行委員、監察委員、各部部長聯席會議

到會者：沈定一　戴季陶　甘乃光　陳揚煊　楊匏安
　　　　邵元冲　鄧澤如　廖仲愷　何香凝　譚平山
　　　　張敷文

主席：譚平山
文書科主任：張敷文

報告事項

一、主席恭誦總理遺囑，全場起立。

二、宣讀第七十八次會議紀錄。

三、胡省長漢民函復：由黨接收香山縣行政權，已令香
　　山縣查照案。

討論事項

一、上海執行部電詢舊黨員以何為標準，乞核復案。

決議：舊黨員除照登記手續外，仍須要得所在地區分部
　　　之承認，如該區分部不承認時，本人得上訴於
　　　上級黨部。

二、瓊崖革命同志大同盟電告：鄧本殷已會同段祺瑞
　　代表楊志澄、陳炯明代表鄧伯偉、林虎代表呂一夔
　　等，將海口全瓊產業向美國借款三千萬元，請予力

爭案。

決議：已函外交部行查，候復函再提議。

三、香澳總支部籌備委員會呈：控宣傳團朱乃斌在香澳
　　詆毀黨人，擅改黨綱，請予裁判案。

決議：交中央監察委員會。

四、軍官學校校長蔣中正電復：教導團既改為黨軍，則
　　校長名義不能指揮黨軍前方，請酌定案。

決議：任命蔣中正為黨軍司令官。

五、香山分庭沈耀祖、馬英等函復：辦理陳俠郎、彭光
　　亞等告訴王予一、鄭偉初、馮振楷等一案情形案。

決議：再交中央監察委員會。

六、海外部提出：據安南西堤支部函稱：薄寮同志黃偉
　　卿，被法國偵探局拘拿，搜出本黨印花、議案、人
　　名冊，勢將大興黨獄，可否由中央黨部提出抗議，
　　並請外交部交涉案。

決議：照海外部提案通過：

　　　（一）對法政府及政府黨提出抗議；

　　　（二）函外交部交涉；

　　　（三）推定沈委員定一起草。

七、東江組織主任周恩來函告：潮安縣黨部籌備處，
　　未經中央批准，遽開成立會，殊屬不法，請予駁

回案。

1. 潮安縣黨部籌備處李笠儂函：請批准潮安縣黨部成立案；

2. 李笠儂呈請將破壞紀律有據之黨員吳雄華開除黨籍案；

3. 潮安縣黨部報告吳雄華私發傳單，破壞黨部，請予開除黨籍，並電縣拘究案；

4. 黨員陳三英等百零五人電訴李笠儂等違法選舉縣黨部職員，請撤退另委案；

5. 黨員吳雄華等函控李笠儂包辦選舉，請予撤消案。

以上合併討論。

決議：交組織部。

八、湖南省黨部函稱：現在黨務發展，大有一日千里之勢，請匯款接濟，以利進行案。

決議：復以從速籌匯，並獎勵之。

九、中山縣黨部電稱：請查辦反革命派李成、李鳳階、黃惠等，捏造謠言，謂吾黨推翻縣長及實行共產案。

決議：令縣監察委員會按名查明是否黨員，報告到會，分別處置，其屬於黨員者，由縣監察委員，依紀律懲辦。

十、廖委員仲愷提出：東江肅清後政治建設宣言案。

決議：通過，修正文字。

十一、許總司令崇智函請派員赴汕，擔任民政、財政，
　　　共策進行案。

決議：

　　　（一）由中國國民黨中央執行委員會在汕頭組織
　　　　　　政治局，設委員五人，特派許崇智、蔣中
　　　　　　正、邵元冲、周恩來及市黨部代表一人。

　　　（二）政治局職權為規畫監督指揮潮、梅、陸、
　　　　　　海、豐各縣行政事宜，對中國國民黨中央
　　　　　　執行委員會負責。

　　　（三）潮、梅，陸、海豐各縣民政、財政事宜，特
　　　　　　設行政局管理之，直隸於廣東省長。

　　　（四）行政局長由政府局提出，由廣東省長任命之。

　　　（五）行政局職員及掌管民政財政官吏，由行政
　　　　　　局長提出，經政治局同意後，呈請省長委
　　　　　　任之。

　　　（六）行政局職員及掌管民政財政官吏，受行政局
　　　　　　長之監督指揮，對於行政局長負責。

　　　（七）行政局之組織，由行政局長提出，經政治局
　　　　　　同意，呈由廣東省長公佈之。

十二、秘書處提出：決定任命孫科為中山縣縣長案。

決議：追認；函請省長發給委任狀。

十三、秘書處提出：招考黨務及地方行政人員章程草案。

決議：通過。

中國國民黨招考黨務及地方行政人員章程

本黨現招考黨務及地方行政人員，為應黨務組織宣傳及潮、梅，陸、海豐，中山縣等處吏治之需，凡在前列者先行錄用，一面籌辦一中國國民黨黨政學院，以訓練投考合格之員，六個月後調出試用，以收黨勢擴張、吏治刷新之效。其簡章如左：

（甲）招考種類及資格

　　一、黨務人員

　　　　A. 組織人員；

　　　　B. 宣傳人員。

　　　　以上兩種，須明瞭主義、熱心黨務、不為威屈、不為利誘之黨員。

　　二、行政人員

　　　　A. 普通行政　凡在專門以上學校畢業者；

　　　　B. 教育行政　凡在師範及專門以上學校文科畢業者；

　　　　C. 警察行政　凡在警監或陸軍學校畢業者；

　　　　D. 工務行政　凡在工業專門學校畢業者。

（乙）考試手續

　　一、凡投考者須能了解三民主義、中國國民黨第一次全國代表大會宣言及政綱、建國方略、建國大綱、及孫中山先生遺囑，頭場試題以此為主。

　　二、如頭場及格者，方可考第二場，至第二場為分類試驗。

　　三、凡兩場及格之學生須親自於五月十九日十一

時到惠州會館二樓，以備口試。

四、凡投考者須於本月十四號以前到惠州會館二
樓秘書處報名，報名時須依例填具表冊，具
備相片一張。

（丙）招考日期及地點

一、招考日期定於五月十五日十時在廣東大學為
頭場試驗，十六日為二場試驗，十九日十一
時在惠州會館三樓舉行口試，三場考試及格
者揭榜取錄。

二、出榜日期定於五月廿二日。

中國國民黨中央執行委員會

十四、秘書處提出：組織考試委員會應派員組織案。

決議：推定戴季陶、譚平山、汪精衛、沈定一、甘乃
光五同志組織考試委員會。

第八十次會議

十四年五月十一日

到會者：胡漢民　林　森　丁惟汾　恩克巴圖
　　　　鄒　魯　于樹德　沈定一　譚平山　張敷文

主席：胡漢民
文書科主任：張敷文

報告事項

一、主席恭誦總理遺囑，全場起立。

二、宣讀第七十九次會議紀錄。

三、丁委員惟汾、鄒委員魯報告：北京全體委員會議經
　　過情形案。

四、廣西綏靖督辦李宗仁等電請各友軍合力討唐，以張
　　撻伐案。

五、孫科同志電復：留滬經營總理墓地，請改委中山縣
　　長案。

六、許總司令崇智來函主張：由黨接收中山縣政，未
　　派人以前，應電盧縣長暫繼原狀，並電該縣各界解
　　釋，免起驚疑案。

討論事項

一、秘書處提出：組織全體委員會議秘書處案。

決議：全體會議期中，秘書處增加常務委員二人，由全
　　　體委員會議推定之。

二、組織部提出：第二次全國代表大會選舉手續草案。
決議：修正後提交全體委員會議。

第二次全國代表大會選舉手續草案

第一條　（甲）依據總章第九章第六十三條（己）項之
　　　　　　　規定，全國代表大會之初選代表，由區
　　　　　　　分部選舉之。

　　　　（乙）初選手續，以投票或舉手行之。

第二條　（甲）複選機關為省執行委員會、臨時省執
　　　　　　　行委員會、特別市執行委員會，如未
　　　　　　　有省或臨時省執行委員會者，則以縣
　　　　　　　執行委員會為複選機關，若有二縣以
　　　　　　　上者，則會同辦理。

　　　　（乙）未有組織之省份，由中央執行委員會
　　　　　　　指派特別委員一人出席第二次全國代
　　　　　　　表大會，有發言權，無表決權。

第三條　省及特別市執行委員會應通告所屬區分部，
　　　　於十四年六月十五日開始辦理初選。

第四條　（甲）每區分部得選代表一人，滿百人者，得
　　　　　　　選二人；每多五十人，增加代表一人；
　　　　　　　以此類推。但黨員未滿五十人之區分
　　　　　　　部，亦得選代表一人。

　　　　（乙）選舉人以領有黨證為原則，如有特別
　　　　　　　情形未領黨證，而該區分部有黨籍冊
　　　　　　　可稽者為例外。

第五條　區分部既選出代表，即將代表名單直接或間

接報告於該省執行委員會或臨時省、特別市
執行委員會。

第六條　　各省區及特別市執行委員會接到所屬區分部
選出代表之報告，即定期召集此項初選代表
大會，互選出席第二次全國代表大會代表若
干人，其人數以本年四月六日中央執行委員
會第七十三次會議決議第二次全國代表大會
選舉法案所規定者為標準。

第七條　　如因區分部所在地距離太遠不能召集初選代
表大會者，則由該省區或特別市執行委員會
將初選代表名單印發於各初選代表，採用通
訊選舉法，選舉出席第二次全國代表大會代
表若干人。

第八條　　遇代表票數同等時，由該選舉機關抽簽決
定之。

第九條　　限於十四年七月十五日以前選舉完竣。

三、組織部提出：廣東省黨部選舉日期手續及預算草案。

決議：選舉日期手續，照原案通過；預算案暫不決定，
　　　由組織部直接與財務委員磋商。

廣東省黨部選舉日期手續草案

一、廣東省代表大會定於十四年六月十日召集，選舉廣
　　東省執行委員、監察委員。

二、大會地址，暫定東川馬路軍警聯歡會。

三、廣東省代表大會代表之初選機關為區分部，定五月

廿五日開始選舉；其複選機關為各縣黨部、市黨部及縣或市黨部籌備處，定六月五日選舉完竣。

四、選舉人以領有黨證為原則，如有特別情形未領黨證而該區分部有黨籍冊可稽者為例外。

五、縣、市黨部及縣、市黨部籌備處，應於五月廿五日以前通告所屬區分部辦理初選。

六、每區分部有黨員十人者，得選舉省代表大會初選代表一人；滿二十人者，得選二人；每多十人，增加代表一人，以此類推。但未滿十人之區分部，亦得選一人。

七、縣市黨部及縣市黨部籌備處，應於六月五日以前召集初選代表大會，互選出席廣東省代表大會代表若干人。其人數以中央執行委員會第五十五次會議決議省代表大會組織大綱所規定者為標準。

八、如各區分部所在地距離太遠不能召集初選代表大會者，可採用通訊選舉法，先由區分部將初選代表人數、姓名，報告於該複選機關，即由該複選機關將全體代表名單印發各初選代表，依照規定人數，選舉出席廣東省代表大會代表若干人，將選票寄回複選機關，遇代表票數同等時，由複選機關抽籤決定之。

九、未有縣、市黨部及縣、市黨籌備處，而暫歸中央管轄之區黨部及區分部，應按照省代表大會組織大綱第四條規定，得選舉出席省代表大會代表，無須複選。

四、戴委員季陶提議：組織編纂中國國民黨概覽，請推
　　定委員案。

決議：推定戴季陶、沈定一為委員。

五、陸軍軍官學校特別區黨部呈報：廣東大學不努力於
　　革命工作，教授楊宙康、學生梁榮滔有反動言論，
　　應請該校校長認真整頓案。

決議：交鄒校長查辦。

六、外交部伍部長函復：已向美領事及美公使提出鄧陳
　　二逆以瓊崖抵押借款，已請查明禁止案。

決議：

　　（1）與段執政分割八屬一事，發表宣言反對，推
　　　　定陳孚木起草。

　　（2）通告各級黨部。

七、上海市黨部第二區分部代表大會函請派員駐滬辦理
　　黨務案。

決議：候交全體委員會議。

八、全國勞動第二次代表大會函請懲辦工賊案。

決議：查所開列工賊姓名，有黨員、非黨員及經革除
　　　黨籍者，分別復函勞動大會，及通告各級黨
　　　部，分別查報辦理。

九、湖南臨時省黨部函請設立安源市黨部，應如何辦
　　理案。

決議：直接隸屬中央，暫委託湖南省黨部管理，並函知
　　　湖南省黨部從速派人組織成立。

十、鄒委員魯由京帶回總理遺囑原文交到本會，應如何
　　保存，請付公決案。

決議：由中央執行委員會保存，暫託中央銀行敬謹存放。

十一、組織部提議：請派員籌備惠陽縣黨部案。

決議：派員籌備。

十二、哈爾濱特別市黨部籌備員朱霽青提出：張子才、
　　　唐國陞、張大傭、孟成直、張晉、張大昕、朱
　　　霽青等七人為哈爾濱特別市臨時執行委員案。

決議：派朱霽青、張子才、唐國陞、孟成直、張晉、
　　　張大昕等六為臨時執行委員，應另補選一人具
　　　報再派。

第八十一次會議

十四年五月十四日

到會者：胡漢民　譚平山　何香凝　鄧澤如　沈定一

　　　　于樹德　恩克巴圖　甘乃光　林　森

　　　　戴季陶　丁惟汾　李宗黃　張敷文

主席：胡漢民

文書科主任：張敷文

報告事項

一、由主席恭誦總理遺囑，全場起立。

二、宣讀第八十次會議紀錄。

三、青年部長鄒魯函告：公事已畢，回部視事案。

四、胡省長函覆：據中山縣復，已遵令永久保存總理故
　　居，並會同中山公園籌備處增加建設案。

五、北京執行部報告：所屬新成立各省市執行委員會各
　　委員姓名案。

北京執行部所屬新成立各省市執行委員會委員姓名表

一、臨時省黨部

　　A. 察哈爾臨時執行委員會

　　　　執行委員九人：

　　　　張鳳翼　杜鳴春　郭世汾　周雲亭　李徵植

　　　　張子光　張良翰　趙　鈞　楊家寶

　　　　候補執行委員八人：

　　　　譚政平　何兆麟　羅漢三　楊文山　白大倫

鄭贊清　孟兆義　白茂岩

二、正式縣市黨部

A. 山東濟南市執行委員會

執行委員七人：

王翔千　王子壯　鄭子瑜　明少華　丁君羊

丁毓西　王少韓

候補執行委員五人：

李郁亭　李宇超　吳寶璞　丁史言　范惜三

監察委員三人：

李爾雲　莊仲舒　秦鳳儀

候補監察委員二人：

孫欽堂　王仲裕

B. 山東青島市執行委員會

執行委員七人：

鄧恩明　蔡自聲　延白真　王象午　任子中

趙魯玉　孟民言

候補執行委員三人：

孫秀峯　王石佛　李可良

監察委員三人：

劉次蕭　王東山　孫華生

C. 山東惠民縣執行委員會

執行委員七人：

姚靜齋　李輯堂　李蘭圃　馮學齋　李特卿

趙瀛仙　韓慎五

候補執行委員二人：

周榮西　翟樹卿

監察委員三人：

唐岱仙　陳湛普　閻壽先

候補監察委員二人：

韓仁軒　馬芳坤

D. 山東淄博縣執行委員會

執行委員五人：

賈慕誼　王立生　趙玉章　安炳州　李雲峯

候補執行委員四人：

張蘭州　張錫三　陶鼎宸　王佐臣

監察委員三人：

劉雲亮　韓馥香　王用章

候補監察委員二人：

蔣志遠　王彩如

E. 山東陵縣執行委員會

執行委員五人：

曹樹梅　劉丕俊　曹樹枌　侯孝坤　夏時忠

候補執行委員三人：

曹樹榮　王天智　王德潤

監察委員二人：

曹樹森　鄭懷德

F. 河南開封市執行委員會

執行委員七人：

宋垣忠　楊儀山　張　藻　張悅訓　王紹宣
陳泮嶺　李明源

候補執行委員七人：

嵇　明　何南凱　馮友蘭　薛廣漢　魯子惠

劉可游　王培煥

監察委員三人：

張　焚　王作梅　許汝礪

候補監察委員三人：

袁春華　劉　郔　栗廉芳

G. 河南鹿邑縣執行委員會

執行委員七人：

張仲旎　張子珊　汲鳳翔　王藍田　王曾望

梅魁春　郭子欽

候補執行委員七人：

張文杰　王文蔚　何軍武　解化遠　王世哲

劉佑賢　劉芳林

監察委員三人：

孫占元　李之俊　海　春

候補監察委員三人：

高慶榮　徐軼賢　汲壽岩

H. 洧川縣執行委員會

執行委員七人：

何朝昌　古振甲　趙蓬炬　王順昌　張汝輝

李蘭芳　許廷獻

候補執行委員五人：

王廷芳　許國賢　何運昌　查清光　孟獻寅

監察委員三人：

何朝楨　劉正祥　曹天德

候補監察委員三人：

劉雲峯　李潤卿　高春榮

I.　河南開封縣執行委員會

執行委員七人：

劉如椿　郝紹僑　樊貫中　仇徵孚　李一真

翟光如　許勛卿

候補執行委員七人：

陳允久　曹賀昌　劉景文　仇景耀　李幼卿

王立三　董齊篿

監察委員三人：

沈子任　陳經士　車志干

候補監察委員三人：

史湘如　陳俊卿　綏振中

J.　河南陳留縣執行委員會

執行委員五人：

韓樹棠　李龍飛　丁象震　劉蘭芳　常繼宗

候補執行委員五人：

雷際雲　孫裕泰　丁鳴雲　李紹曾　韓金聲

監察委員三人：

郭景仁　張作棟　李登鼎

候補監察委員三人：

王繼魁　李秉德　戴永敬

K.　熱河平泉縣執行委員會

執行委員五人：

王伯存　王沂軒　方　檀　戴正鈞　張恕齋

L.　熱河凌源縣執行委員會

執行委員五人：

楊仲達　項立辰　朱　錕　尉遲源恩　王興國

M. 熱河建平縣執行委員會

　　執行委員五人：

　　劉書雲　龍子瑞　王子楨　盧虎嗔　楊世榮

N. 熱河平泉喇嘛城子市執行委員會

　　執行委員五人：

　　劉雲卿　趙鑄平　尹聘三　胡品清　王介甫

O. 熱河承德市執行委員會

　　執行委員五人：

　　文明德　李澤春　王悟軒　王潔卿　何松壽

P. 直隸保定市執行委員會

　　執行委員七人：

　　張常治　戴培源　劉憲曾　李沛澤　楊企山

　　楊　渡　王家賓

　　候補執行委員三人：

　　張　鳳　孫有曾　崔文成

　　監察委員三人：

　　強明倫　李書香　陳鶴齡

三、臨時縣黨部

A. 山東昌邑臨時縣執行委員會

　　執行委員五人：

　　徐紹文　王班侯　于恩鴻　于匯東　齊樂年

　　候補執行委員三人：

　　王文軒　呂素齋　于樹庭

B. 山東荷澤臨時縣執行委員會

　　執行委員五人：

　　滕蒙園　姜敬興　張光宇　孟煥斌　宋樂顏

C. 山東諸城臨時縣執行委員會

執行委員五人：

王履齋　王云浦　周仲仁　王景羊　（缺一人）

候補執行委員二人：

陳舜庭　王卓先

D. 直隸遵化臨時縣執行委員會

執行委員七人：

田繼純　張印堂　張之林　韓仰文　潘振鏞

趙　澄　黃鳳鳴

候補執行委員七人：

李官方　李炳然　蘭小川　王　英　祖席珍

劉述恩　馬玉亭

E. 直隸邢台臨時縣執行委員會

執行委員五人：

呂一民　張式言　范子厚　張新青　劉同德

F. 直隸玉田臨時縣執行委員會

執行委員五人：

李立元　趙玉堂　陳鴻齪　王積衡　葉善枝

候補執行委員三人：

王之灝　唐秀春　楊子瑜

G. 直隸磁縣臨時執行委員會

執行委員七人：

王雅品　王惠澤　張昭明　王子範　李麟瑞

韓景乾　韓兆祥

候補執行委員三人：

孫誠心　陳言甫　胡韻堂

H. 直隸內邱臨時縣執行委員會

　　執行委員五人：

　　孫子固　郝耀星　王警齋　孫得民　杜宅民

I. 直隸藁城臨時縣執行委員會

　　執行委員五人：

　　郝文藻　馬　澂　李之華　呂占元　紀清濂

　　候補執行委員二人：

　　張學孔　田景周

討論事項

一、孫科電稱：請先解決四項問題，然後回縣任事案。

決議：下次討論。

二、胡省長函請速委葬事辦事處委員，籌辦一切，並將
　　員名及辦法見復案。

決議：

　　1. 補充籌備處委員；

　　2. 籌款辦法，發行紀念印花。

三、陸軍軍官學校特別區黨部提出：創立革命學院案。

決議：暫從緩議。

四、戴委員季陶提議：黨紀軍紀問題：

　　（1）黨與黨政府之關係；

　　（2）黨紀與軍紀之關係；

　　（3）軍隊中之黨部權限之規定；

（4）實行黨紀之要點案。

決議：推定戴季陶、沈定一起草，下次提出。

第八十二次會議

十四年五月十七日

中央執行委員會全體談話會

到會者：胡漢民　廖仲愷　邵元冲　林　森　于樹德
　　　　丁惟汾　張國燾　林祖涵　鄒　魯　戴季陶
　　　　恩克巴圖　沈定一　譚平山　汪精衛
　　　　張敷文

主席：胡漢民
文書科主任：張敷文

報告事項
一、主席恭誦總理遺囑，全場起立。
二、宣讀第八十一次會議紀錄。

討論事項
一、組織臨時政治宣傳委員會案。
決議：推定汪精衛、戴季陶、沈定一、于樹德、張國
　　　燾、邵元冲、譚平山等七人為臨時政治宣傳委
　　　員會委員。

二、中央執行委員全體會議增加常務委員二人案。
決議：推定丁惟汾、于樹德為常務委員。

三、規定中央執行委員預備會議及全體會議時間案。

決議：自本月十八日起，每日上午十時至一時開會，風
　　　雨無阻，地點在大本營。

第八十三次會議

十四年五月十八日

中央執行委員會全體第一次預備會會議錄

到會者：林祖涵　丁惟汾　恩克巴圖　邵元沖
　　　　于樹德　林　森　汪精衛　戴季陶　譚平山
　　　　張國燾　張敷文

主席：林　森
文書科主任：張敷文

報告事項

一、主席恭誦總理遺囑，全場起立。

二、宣讀第八十二次會議及全體談話會紀錄。

討論事項

一、宣言草案：

　　1.敘述過去一年間所發表宣言之大概。

　　2.完全繼承總理遺教全部。

決議：通過；交汪委員精衛整理字句，再交全體委員會
　　　議決定後發表。

二、訓令草案。

決議：通過，交原起草人整理文字，再交全體委員會
　　　議決定後發表。

三、修正第三次中央執行委員全體會議之第二次全國代
　　表大會地點及時間問題案。

決議：

（1）第二次全國代表大會地點定在廣州或開封，在
　　　大會開會前之四十日，由中央執行委員會決定
　　　通告。

（2）時間定八月十五日。

四、修正第三次中央執行委員全體會議議決第二次全國
　　代表大會籌備員問題案。

決議：此項組織查與總章不符，宜依照總章，由中央執
　　　行委員會負責籌備。

五、汪委員精衛提出：第八十三次常會討論中國國民黨
　　敬告兩廣人民宣言案。

決議：通過。

中國國民黨敬告兩廣人民宣言

十四年五月十八日

　　溯自民國十一年二月，本黨總理孫先生重建革命政
府於廣州，為國民革命努力奮鬥。其時陳炯明及其部
曲，盤據東江，外則勾通帝國主義及北洋軍閥，內則煽
動土匪，以與革命政府為敵，以致十二、三年間，東西
北三江暨南路，用兵不息。我總理督率將士，四嚮征
討，艱難困苦之狀，匪可言喻。而當軍事期間，財政紊
亂，吏治廢弛，不能兼顧，坐令廣東人民所受痛苦，瀕

於無告。此固廣東人民所疾首蹙額,而尤我總理暨諸黨員所引為深憂,不能一刻去諸懷抱者也。

去歲冬間,北洋軍閥已成內潰,我總理北上,主張開國民會議及廢除不平等條約,以抵抗帝國主義之侵略,及防止軍閥之復活。今歲春間,諸將士秉承我總理方略,努力殺賊,數旬之內,東江餘孽,遂告肅清。雖值國家不幸,我總理殫心國事,溘然長逝。而主義具在,凡我同志暨我國民,若能以至誠毅力,接受我總理遺囑,以繼續國民革命之工作。當此北方革命氣勢進展之際,敢信全國底定之期,必不在遠。而廣東於東江戰事敉平之後,尤得以休養生息,使革命政府之根據地,日益鞏固;同時廣東人民,歷年所受之痛苦,得以解除;而所求之幸福,亦得以實現。豫計東江戰後,革命政府於最短期間,所能著手者,其至少限度,如提倡地方自治,以植民權之基礎,及整理租稅,以合理的原則,減輕人民之負擔,且使其所負擔者,得相當之價值。訓練軍隊,增殖其實力,並申明其紀律,使得為地方治安秩序之保障,俾人民生活得以安定,而免除盜匪之劫掠與貪縱官吏之摧殘,由此漸進,以謀實業教育之發達。此等至少限度之事業,廣東今後若得一歲之和平,革命政府敢決其必能實現。蓋本黨之主義及政策,前此為東江戰事所牽掣,致不能進行,痛苦與人民共之,則對於解除痛苦,蘄求幸福之一切工作,必益自黽勉,以為人民之先導也。夫廣東於久經戰亂之後,僅欲得片時之休養,無論何人,皆必予以同情,不圖乃有唐繼堯者,於此時期,忽有侵略兩廣之計畫,迹其所由

來，實始於與陳炯明之勾結，所謂東西並進，會師廣
州，為其共同之目的。故陳炯明由東江進兵之際，唐繼
堯亦由西江進兵，其挾持武力，塗毒生民之罪惡，實與
陳炯明同科。而於陳炯明敗亡之餘，猶復野心不戢，在
南寧一帶，肆行蹂躪，使桂省人民無端遭逢兵燹。夫唐
繼堯禍桂之事實。即足證其禍粵之決心。廣東人民，不
惟對於桂省人民之無辜受禍不能坐視，而對於廣東人民
歷年所受之痛苦，暨東江戰後之和平希望，尤決不能漠
然無動於中。倘使唐繼堯得逞於桂，則廣東必受同樣之
蹂躪，無可倖免，不但戰後之休養生息，無可希冀，而
廣東內亂，從此蔓延，其水深火熱，必較十二、三年間
為尤甚。本黨前此宣言，反對唐繼堯，而各軍長官亦有
聯名反對唐繼堯之電，皆有見於唐繼堯之禍國殃民，故
不得不明正其罪。本黨今更歷舉唐繼堯蓄謀禍粵之事
實，為廣東人民告，望廣東人民深念前此所受之痛苦，
及最近之將來之希望，與革命政府同心戮力，共驅除廣
東和平之敵人唐繼堯。惟尚有為廣東人民告者，唐繼堯
所以為廣東和平之敵人，以其違反革命之主義，破壞革
命政府之一切建設計畫。故此次驅除唐繼堯之工作，即
為肅清反革命之工作，凡屬於革命主義旗幟下之人民及
各種軍隊，皆當一致結合，同仇敵愾，決非從前排斥客
軍等褊狹之見解所能假藉。蓋今日國內各部分區域之紛
擾，皆不外反革命者所造成，而欲撲滅此等紛擾，唯有
以革命主義為結合，乃能勝任也。

中國國民黨中央執行委員會

第八十四次會議

十四年五月十九日

中央執行委員會第二次預備會議

到會者：汪精衛　丁惟汾　沈定一　林　森　鄒　魯
　　　　邵元冲　恩克巴圖　林祖涵　戴季陶
　　　　于樹德　張國燾　張敷文

主席：汪精衛

文書科主任：張敷文

報告事項

一、主席恭誦總理遺囑，全場起立。

二、宣讀第八十三次會議紀錄。

討論事項

一、第二次全國代表大會選舉法草案。

決議：通過。

第二次全國代表大會選舉法

第一條　（甲）依據總章第九章第六十三條（己）項
　　　　　　　之規定，全國代表大會之初選代表，
　　　　　　　由區分部選舉之。

　　　　（乙）初選手續，以單記名投票，或舉手
　　　　　　　行之。

第二條　（甲）複選機關，為省執行委員會、臨時省

執行委員會、特別市執行委員會，如
未有省或臨時省執行委員會者，由該
省所屬之高級黨部，如廣州中央執行
委員會、北京執行部、上海執行部等
指派專員，到該省辦理複選事務。

（乙）各特別區黨部直轄於中央或各執行部
者，由中央或各該執行部指派專員辦
理複選事務。

（丙）未有組織之省分，由中央執行委員會
指派特別委員一人，出席第二次全國
代表大會，但有發言權，無表決權。

第三條　省及特別市執行委員會，應通告所屬區分部，
於十四年六月十五日開始辦理初選。

第四條　（甲）每區分部得選代表一人，滿百人者得
選二人，每多五十人增加代表一人，
以此類推。

（乙）選舉人以領有黨證為原則，如有特別
情形未領黨證，而該區分部有黨籍冊
可稽者為例外。

第五條　區分部既選出代表，即將代表名單直接或間
接報告於該省執行委員會，或臨時省執行委
員會、特別市執行委員會。

第六條　各省區及特別市執行委員會，接到所屬區分
部選出代表之報告，即定期召集此項初選代
表大會，互選出席第二次全國代表大會代表
若干人。其人數如左：

（1）每省黨員滿五百人者，舉代表二人，不及五百人，亦得舉代表一人。

（2）每省黨員滿一千人者，舉代表三人。

（3）每省黨員滿二千人者，舉代表四人。

（4）每省黨員滿三千人者，舉代表五人。

（5）每省黨員滿五千人者，舉代表六人。

（6）每省黨員滿七千五百人者，舉代表七人。

（7）每省黨員滿一萬人者，舉代表八人。

（8）每省黨員滿一萬二千五百人者，舉代表九人。

（9）每省黨員滿一萬五千人者，舉代表十人。

（10）最多者為十人。

（11）特別市與省同。

第七條　如因區分部所在地距離太遠，不能召集初選代表大會者，則由該省區或特別市執行委員會將初選代表名單，印發於各初選代表，採用通訊選舉法選舉出席第二次全國代表大會代表若干人。

第八條　所有初選、複選均須在當地黨部舉行。

第九條　選舉票式樣，由中央執行委員會定之，各選舉機關，須依照樣式印刷，並蓋該機關印信，分發各選舉人，如非用此種選舉票者無效。

第十條　　遇代表票數同等時，由該選舉機關抽籤決
　　　　　定之。

第十一條　限於十四年七月十五日以前選舉完竣。

第八十五次會議

十四年五月二十日

中央執行委員會第三次全體預備會議

到會者：于樹德　廖仲愷　邵元冲　丁惟汾　汪精衛
　　　　恩克巴圖　林　森　胡漢民　譚平山
　　　　戴季陶　張國燾　張敷文

主席：汪精衛
文書科主任：張敷文

報告事項
一、主席恭誦總理遺囑，全場起立。

討論事項
一、覆議第二次全國代表大會海外代表選舉法案。
決議：通過。

海外部提出第二次全國代表大會海外代表選舉法草案
一、凡領有黨證者方取得選舉權。
二、海外代表人數，每一總支部得舉二人，未設立總支部之地方，如滿五百人之支部者，得舉一人，滿千人以上之支部者，得舉二人，未滿五百人者，得聯合附近未滿五百人之支部，合舉一人。
三、選舉手續，由各總支部預指候選人若干名，先期通

告所屬各級黨部之黨員，用通函投票於指定之候選人中選舉之，以票多者當選，同票者抽籤定之。未設立總支部之地方，由支部依照辦理。

四、各支部、分部、區分部，有推薦代表候選人於總支部之權，但必在候選人名未公佈前方有效力。

五、各總支部及未設立總支部地方之支部，對於所屬黨部推薦之候選人，於候選人名未公佈前，有接納並公佈之義務。

六、候選人名，須於選舉日期前十日公佈之，至推薦候選人之截止期，由各地酌酌自定，惟必須先期通告。

七、選舉日期，由各地自定，惟須趕速辦理完竣，俾選出之代表能於代表大會會期以前，回國赴會。

八、凡海外代表須依本選舉法產生，並須由所在地之黨部回國，不得選舉或指派已回國之同志充當，閉會後必須返所代表之黨部報告。

九、凡選出之代表，須預將姓名報告中央海外部，回國時並須到海外部報到。

十、選舉票樣式，由中央定之。各總支部及未設總支部地方之支部，須依照樣式印刷，並蓋黨部印信，分發所屬各級黨部，如非用此種選舉票者無效。

二、總理永久紀念會組織大綱。

決議：通過。

孫中山先生永久紀念會組織大綱

十四年五月二十日一屆八五次中執會通過

第一條　孫中山先生永久紀念會，任孫中山先生永久紀念之設備經營事宜，其事務如下（以下簡稱永久紀念會）：

一、經費之募集；

二、墓地及各地紀念物之建築；

三、紀念圖書館之設置；

四、中山學院之設置；

五、傳誌之撰述；

六、其他關於永久紀念之事項。

第二條　凡同志或同情於孫中山先生之個人或團體，不分國籍，均得為永久紀念會之會員，但在籌備時期間，須得籌備委員會之同意，永久紀念會成立後，須得永久紀念會執行委員會之同意。

第三條　永久紀念會由會員選舉執行委員五十人，組織執行委員會，處理會務。中國國民黨現任之中央執行委員，不經選舉，為永久紀念會之執行委員。

第四條　永久紀念會之經費及基金，由會員推舉監察委員十人任監察之責。中國國民黨現任之中央監察委員，不經選舉，為永久紀念會之監察委員。

第五條　孫中山先生之夫人及成年之子孫，為永久紀念會之永久會員，並得隨時出席於執行

委員會及監察委員會。

第六條　永久紀念會設總務、募款、保管基金、設計、編撰、學院、圖書館各部，處理事務。

第七條　全體執行委員互選常務委員九人，組織常務委員會，處理會務。

第八條　常務委員互選各部部長一人，處理部務。
關於各部事務，得由常務委員會聘請專門委員，組織特別委員會處理之。

第九條　永久紀念會之會議章程及其他章程規則，由永久紀念會自定之。

第十條　永久紀念會之事務所，設於上海。分事務所及各部之設置地點，由永久紀念會自定之。

第十一條　本大綱由中國國民黨中央執行委員會制定之，將來之修改，由永久紀念會執行委員全體三分之二之同意行之。

第十二條　附則　永久紀念會未成立前，由中國國民黨中央執行委員會敦請本國、外國贊助孫中山先生之主義者，及中山先生之親友同志等為籌備委員，組織籌備委員會，任籌備之責，其名稱為「孫中山先生永久紀念會籌備會」，籌備會之章程，由籌備會自定之。

三、關於政治局之設置問題案。

決議：推定汪精衛、戴季陶、邵元冲三委員，將政治委員會過去之狀況及將來之計畫提出報告。

四、北京政治工作問題案。

決議：推定丁惟汾、恩克巴圖、于樹德三委員，將以
　　　前之政治工作及將來之計畫提出報告。

五、對時局宣言問題案。

決議：推定汪委員精衛、廖委員仲愷起草。

六、張委員國燾提議：宣言使人民認識革命政府最近之
　　　政治方針案。

決議：由臨時政治宣傳委員會起草，交中央執行委員
　　　會議決，送政府公佈施行。

七、北京執行部預算案。

決議：照原案通過。

北京執行部預算案

第一、北京執行部本部追加預算案。

　　　（1）添聘組織委員一人，宣傳委員一人。

　　　　　二人每月薪金共一百元。

　　　　　註：組織委員專任赴各已成立臨時省黨部
　　　　　　　各省敦促監督，並指示組成正式省黨
　　　　　　　部，兼赴各未成立臨時省黨部各省，
　　　　　　　設法組成臨時省黨部。宣傳委員專任
　　　　　　　赴各省各級黨部中宣傳黨義、訓練黨
　　　　　　　員，兼對黨外之民眾作專宣傳工作。

　　　　　　　按此等工作本屬於組織部及宣傳部，但北
　　　　　　　京執行部此次恢復以來，以限經費及人

才，乃只成立一秘書處，由常務委員三人
負責，一切黨務均由秘書處處理，此種組織
固未盡合於章程，但為迅速敏捷集中事權，
免除牽掣起見，亦為應時之良制，數月以
來，行之有利而無弊。現在第二次全國代表
大會召集在即，北方黨務急宜發展，急宜進
行，如關於組織及宣傳事宜，必待組織部、
宣傳部成立後再作，則恐時間上、人才上皆
所不許。故北京執行部為應付目前事實，而
求收迅速敏捷之效果起見，只於秘書處之內
添聘組織委員一人、宣傳委員一人，受常務
委員之指揮，尚從事於組織宣傳之任務。至
北京執行部分成組織、宣傳、青年、婦女各
部辦事之計畫，最好俟第二次代表大會後再
行恢復，實為至便。

（2）組織委員、宣傳委員每月旅費共一百元。

　　　註：組織委員及宣傳委員既專任赴各省各
　　　　　地組織及宣傳，則其旅費不能不由黨
　　　　　部負擔，其旅費每日以一元計，再加
　　　　　最低之車船價目，二人每月合計亦不
　　　　　能下一百元。

（3）各種運動補助費，每月平均二百元。

　　　以上合計每月四百元，此款請自五月起每
　　　月支付。

　　　註：所謂各種運動如：工人運動、農民
　　　　　運動、青年運動、婦女運動等，以

及各種紀念運動，如：五一、五四、
五七等皆是。對於此種運動擬在本部
內就接近各該運動之黨員組織各種運
動委員會，以統轄指揮各種運動。然
本黨對於各該運動必須予以相當財力
上之補助，各該運動始可與本黨發生
極密切之關係，遇事始可接受本黨之
指揮命令。此種補助費之額，如以本
部轄境之廖潤，每月平均最少亦不能
下二百元也。再者上月北京發生印刷
工會之組織，由本部補助開辦費二十
元，又發生全國各界婦女聯合會之組
織，由本部補助開辦費三十元，王委
員法勤捐助四十元，于委員右任捐助
三十元。似此種種組織，以後恐如雨
後春笋，其開辦費固在在需人補助，
即其維持費，本黨多少亦須負責也。

第二、北京執行部所轄省區及特別市黨部經費補助預
算案。

（1）成立正式省及特別市黨部經費（一次支付）
三千七百元。

註：本部各省已經成立臨時省黨部者，計
有直、魯、豫、熱、察、綏、吉林、
內蒙八區，除山東已具領成立黨部經
費六百元外，尚有七省區尚未具領，
茲按每一省區五百元計，七省區合計

為三千五百元。又本部所轄特別市有北京及哈爾濱兩處，除北京特別市已經正式成立外，尚有哈爾濱一處，臨時執行委員業已舉定，現已提交全體執行委員會請求承認，哈爾濱特別市正式黨部之設立，亦須略予補助，茲假定為二百元，前後合計為三千七百元。第二次代表大會召集在即，加之本黨內部又小有糾紛，此等正式黨部之成立，實為不可緩之要圖，應請迅速撥款為盼。

（2）已成立正式黨部之省及特別市黨部維持費。

1. 北京特別市（已經成立）每月一百五十元，此款請自五月起每月支付。

2. 直、魯、豫、熱、察、綏、吉林、內蒙、哈爾濱（皆不久成立）每處每月平均一百元，合計九百元。此款應候各處報告正式成立後，按月支付。

註：此款專供維持黨部之存在，不可移充他用，其重要之開支如房租、襍費、夫役及書記之薪金等。

（3）已成立正式黨部之省及特別市發展黨務補助費。

1. 北京特別市（已經成立）每月二百元，此款請自五月起每月支付。

2. 直、魯、豫、熱、察、綏、吉林、內

蒙、哈爾濱（皆不久成立）每月每處平均補助百元，合計九百元，此款應俟各處報告正式成立後，按月支付。

註：各省及特別市黨部正式成立後，必須力謀黨務之發展，其經費固須由各處自行籌措，但於正式黨部成立之初，根基尚未鞏固，黨員尚未多數，事實上其經費恐無從籌措，於此中央不可不稍予以補助以建立其基礎，而指揮監督其進行。茲定對北京市黨部每月補助二百元，對其餘各處每月補助百元，此數實不為多，且為防止此款之流用起見，對於此款之用途可由中央指定，例如指定以幾分之幾用於宣傳品之印刷費，以幾分之幾用於宣傳員旅費，以幾分之幾用於工、農、青年、婦女及各種運動費，言此等用途既經指定後，絕對不許挪用。

（4）成立臨時省黨部經費（一次支付）五百元。

註：本部所轄省區尚未成立臨時省黨部者，有晉、陝、甘、新疆、青海、奉天、黑龍江、外蒙及北方海外華僑，皆應及時地設立臨時省黨部。關於此種經費之總額，實難預算，現暫請撥歸五百元專充此項用途，由本部臨時相機運用。

　　總計以上預算額，其一次支付者為四千二
　　百元。其每月支付者為二千五百五十元。現
　　在即須支付者，其一次支付者固仍為四千
　　二百元，而每月支付者則只七百五十元，
　　其餘一千八百元，則須待以後各該事實發
　　生時，逐漸增加。

八、汪委員精衛提出：第八十五次常會，查辦惠來、陸
　　豐二縣縣長案。

決議：由農民部調查事實，繕具報告，提出中央會議，
　　　　以便轉許總司令嚴行查辦。

第八十六次會議

十四年五月三十日

到會者：汪精衛　鄒　魯　廖仲愷　胡漢民　鄧澤如
　　　　林　森　譚延闓　林祖涵　張敷文

主席：胡漢民
文書科主任：張敷文

報告事項
一、主席恭誦總理遺囑，全場起立。
二、宣讀第三次全體中央執行委員會第十一次會議紀錄。

討論事項
一、汪委員精衛提出：主張國民自動的開國民會議之宣
　　言案。
決議：通過。

中國國民黨主張國民自動的開國民會議之宣言
　　　　民國十四年五月三十日一屆八六次中執會通過
　　去歲十一月十三日，本黨總理孫先生北行之際，發
表對於時局之宣言，主張以國民會議為解決時局之主
體，而以預備會議產生國民會議。蓋造成中國之亂象
者，實為軍閥與帝國主義，欲撥亂而反正，惟有奪取軍
閥及帝國主義所挾持之權柄，而還之於國民。此等意
義，至為深切而明顯。故自宣言發表以後，海內外各人

民所組織之團體，一致響應，以函電表示贊成者，絡繹不絕。國民會議促成會，由各省人民團體，以次發起，且集合各省國民會議促成會代表開大會於北京，為更嚴密之全國總會之組織。國民對於國民會議之熱烈主張，於此可見。乃北京臨時執政，始則以善後會議抵制預備會議，雖經總理竭誠開導，須於會議中容納人民團體代表，而不之顧；繼則以國民代表會議抵制國民會議，雖經本黨嚴重警告，勿以善後會議產生國民代表會議，而亦不之恤，於是善後會議遂為官僚政客之集合場所，直接仰承軍閥之鼻息，間接受帝國主義之頤指氣使，與預備會議之目的，適相背馳，由善後會議所產生之國民代表會議，實有繼承擴大之性質，不徒為軍閥及帝國主義之妝飾品，且將為其資以為惡之工具，與國民會議尤不能並立。本黨於此不得不鄭重宣言，凡我國民，務宜屏絕此由善後會議所產生之國民代表會議，且阻止其成立；同時宜自動的召集國民會議及預備會議，以真正的國民代表，為構成分子，如總理當日宣言所舉現代實業團體、商會、教育會、大學、各省學生聯合會、工會、農會，暨共同反對曹吳各軍各政黨等之代表，是以此等代表構成國民會議，然後能打破武力與帝國主義相結合之現狀，而造成武力與國民相結合之趨勢，以馴致於武力為國民之武力，中國之亂源始得以永塞，治本始得以確立，此實為中國安危存亡所繫，凡我國民，萬不能忽視，且萬不能對於軍閥與帝國主義而容忍讓步者也。國民果能自動的召集真正的國民會議及預備會議，本黨必以全力為之援助，本黨政府於力所能及之範圍內，必盡

其能事，為之謀安全之保障及種種便利。本黨為遵行總理遺囑計，為尊重國民權利及意思計，皆視此為當然之義務，不敢不勉。謹此宣言，凡我國民其共鑒之。

中國國民黨中央執行委員會

中華民國十四年五月三十日

二、整飭軍隊方案。

決議：通過；函請胡代帥察納施行。

為整肅軍隊致胡代帥函

逕啟者：

　　日前本會發表宣言，以廣東為革命政府根據地，值茲東江戰事已平，亟應及時整頓內部。茲更根據宣言，對於整頓內部之條件，議決如下：

　　整理內部，當從整理軍隊入手。十二年以來，廣東境內戰事頻仍，致無整理軍隊之餘暇，於是軍隊各自為政，雖有最高軍事機關，形同虛設，軍隊更以餉源為藉口，對於地方政事，肆行干涉，用人行政之權，掠奪殆盡；同時對於財政機關，亦各以其勢力所及，爭先佔據。由是行政經費、教育經費等等，悉被吞蝕，全省政務，盡歸停滯，民政財政諸機關，不但仰承鼻息，且至虛有其名，其影響及於人民者，生命財產，失其保障，交通梗塞，市廛彫敝，工失其業，農失其事，凡此苦痛，擢髮難盡。夫以廣東為革命根據地，而其一切現象，無不與革命之主義及政策相反，痛心之事，孰過於此。故整理軍隊，實為整理一切之先著，其整理軍隊之方法，最少限度列舉於下：(1) 軍令統一，嚴禁軍隊各

自為政之習；(2) 民政統一，嚴禁軍隊干涉用人行政之
習；(3) 財政統一及軍需獨立，嚴禁軍隊分割及霸佔財
政之習；(4) 所有軍隊，悉須經政治訓練，使成為有主
義有紀律的革命軍隊。以上四者，若能實現，則軍令機
關得收整齊統一之效，而民政機關，亦得回復自由以行
使職權。在軍隊一方面，可日益精練，在人民一方面，
可保其安寧。然後其他一切整理計畫，始得有實施之機
會，而本黨之主義及政策，始得有實現之可能。為使以
上四項能迅速實行，不落空談，則對於實行不能不有確
實之保障。政府於此，應有決心，並預備實力，對於抗
命者與以嚴厲之制裁，對於陽奉陰違者與以嚴厲之懲
罰，務使此等最少限度於最短期間，充分實現。同時各
黨部當從種種方面努力，以為政府之援助，目前最要之
圖，無過於此。茲經本會議決，相應函達。務祈察納施
行，為荷。此致代行大元帥職權胡

中國國民黨中央執行委員會

三、河南黨員劉守中等函稱：主張在廣州開第二次全
　　國代表大會，代表人選問題，宜半選半指，半新半
　　舊，請決定實行案。

決議：復函；推定鄒魯、林祖涵二委員起草。

復函要點如下：第三次全體中央執行委員會會議開會地
點已定在廣州，選舉方法亦經決定公佈，召集第一次代
表大會礙難辦理。來函所述辦法甚善，適全體會議已閉
會，無從提出討論，應於代表大會開會以前通告各級黨
部特別注意，未組織省黨部之各省，當注意派老同志前

往籌備。

四、海外部提出：第二次全國代表大會海外代表選舉票
式樣案。

決議：通過。

海外部提出第二次全國代表大會海外代表選舉票樣式

第二次全國代表大會海外代表選舉票		
中華民國　年　月　日	總支部發　　部	投票人黨證　字　第　號	被選人姓名

（一）發票手續：由總支部或未成立之總支部之地方
之支部，依照中央制定之選舉票樣式自行印
製，並蓋黨部印信，分發所屬黨部，各黨部自
領到選舉票後，應派出發票人若干名辦理之。

（二）領選舉票手續：凡黨員須攜帶本人黨證，到所
屬黨部由發票人驗明，隨即發給第二次全國代
表大會海外代表選舉票一紙。

（三）選舉手續：黨員取得選舉票後，即註明黨證字
號，隨將候選人之中，任選舉一人，寫票畢，將
選舉票交所屬黨部，由該黨部彙寄所屬總支部，
如未成立總支部之地方，則寄至所屬之支部。

五、江蘇臨時省黨部函稱：北京政府於金佛郎款內撥
五十萬元，為廣大、上大兩校經費，由鄒君海濱具

領，請查明制止，並登報聲明案。

決議：交鄒委員魯起草函復。

六、孔庚函稱：容漢輝妄加揣測，指為唐繼堯代表一
　　事，請傳集雙方審訊明白案。

決議：交中央監察委員會。

七、中央監察委員會查覆：符國光及鄭里鐸控案，符被
　　控各節，因無實據，無庸置議，鄭立心險狠，應予
　　嚴厲處分，陳策應予警告案。

決議：照辦。

第八十七次會議

十四年六月二日

到會者：廖仲愷　譚平山　林　森　鄧澤如　鄒　魯
　　　　譚延闓　張敷文

主席：廖仲愷
文書科主任：張敷文

報告事項

一、主席恭誦總理遺囑，全場起立。

二、宣讀第八十六次會議紀錄。

討論事項

一、中央監察委員會函復：陳榜華偽造慰勞前敵革命軍
　　人會遊藝會入場券，證據確實，應即開除黨籍，以
　　肅黨紀案。

決議：照辦。

逕復者：准貴會函開，茲由本會組織部轉來慰勞前敵革
命軍人會函稱：陳榜華身為黨員，私造入場券，茲已拿
交警察第二區分署辦理，請按照總章開除黨籍等由，相
應檢同原函，送請貴會迅予審查辦理，並希將審查結果
見覆等由。本會經按照控開各節詳細審查，陳榜華以黨
員資格服務於慰勞大會之游藝會，竟私造入場券票，經
慰勞大會搜獲偽票二百餘張，後又經會警在陳榜華店中
檢出偽造營業部章及慰勞大會印章共兩顆。敝會業經訊

據陳榜華直認偽造券票不諱，既犯偽造有價證券之罪，而藉贊助革命事業之工作罔利營私，黨人道德破壞無遺，除偽造證券罪案由法庭裁判外，本黨當處以革除黨籍之懲戒，以肅黨紀。准函前由相應將審查情形連同原件函復貴會查照，提出公決。至紉黨誼　此致
中央執行委員會

中央監察委員會　十四、五、廿六

附慰勞前敵革命軍人會原函

敬啟者：兵工廠特別區黨部黨員陳榜華私造敝會入場券，今日發現，陳亦承認，刻已交警察第二區分署辦理。按陳榜華身為黨員，而反動若此，理應呈請中央黨部查照總章第七十二條，開除陳榜華黨籍。此上
中國國民黨中央黨部組織部

四、十八

二、婦女部提出：上海女黨員第五次大會三項建議，有
　　應准照辦之必要案。

決議：

　　（甲）第三次全體中央執行委員會議已決定指派
　　　　　婦女特別委員出席第二次全國代表大會，
　　　　　應通告各級黨部。當第二次全國代表大會
　　　　　選舉出席代表時，對於婦女黨員，宜特別
　　　　　注意予以援助。

　　（乙）交第二次全國代表大會籌備處，作為第二
　　　　　次全國代表大會提案。

（丙）俟財政狀態改善後，注意確定。

三、上海執行部宣傳部教育運動委員會函：請設教育委
員會於上海，付予規劃大綱案。

決議：交第二次全國代表大會。

上海執行部宣傳部教育運動委員會函

中央執行委員會：

吾黨改組以後，即注意宣傳；總理逝世時，亦諄諄
以喚起民眾為囑，是誠國民革命不可忽之工作也。顧欲
得完滿之宣傳方法，教育實居首要。良以國民能受適當
之教育，始可以切知國家之危急，而決心革命，並知革
命必須有堅強之組織而來集於吾黨矣。中國教育，東南
各省實占風氣之光，但年來為二、三學閥把持操縱，研
究系及基督教會之勢力復攙雜其間，馴致教育狀況，華
而不實，民風士習，萎靡墮落。自去年齊盧構釁，二、
三學閥，更暴露其勾結軍閥，刻削學款之形跡，乃猶不
知檢束，煽起東南大學校長風潮，以黨化教育淆亂觀
聽，其敵視吾黨，戕賊教育，尤逆跡昭著矣。觀以上種
種，吾黨為救國計，為宣傳計，實有揭中山主義之教育
之旗幟，與推倒學閥之必要也。本會謹本此義，特向大
會建議，請照廣東軍事委員會北京政治委員會之體制，
設教育委員會於上海，付予規劃大綱，指揮進行之職
權，策勵同志之教育活動，附擬該會設施大綱數條，靜
候大會公決。

上海執行部宣傳部教育運動委員會上

附教育委員會設施大綱

一、制定本黨教育大綱。

二、確定教育運動方針，並指揮同志從事教育
　　活動。

三、計畫並管理本黨黨辦學校，暨同志辦理之私
　　立學校事宜。

四、編審教育用書。

五、發行定期刊物。

四、鄒委員魯提出：本黨一切宣傳品及會場之設備並一
　　切符號，凡有關於表象者：

　　（1）兩色藍白為黨徽表象。

　　（2）三色紅藍白為國徽表象案。

決議：通過。

五、滬部電請

　　（1）派安停、劉文煥為黔省黨部籌備員；

　　（2）學生黨員請提前六月廿日前舉行代表選舉；

　　（3）請匯洋八千元案。

決議：

　　（1）安停、劉文煥如查明可任，請由滬部負責，
　　　　直接派遣。

　　（2）通告有學生黨員之黨部，得於六月十五日以
　　　　前開始選舉。

　　（3）俟日間財政狀態改善後，盡力籌匯。

上海執行部來電

中央鑒：

　　屬部擬派安停、劉文煥為黔省黨部籌備員，乞核覆。全國代表大會日期，前電碼不明，請重示。滬學生黨員恐暑假期影響，請准提前於六月二十日舉行代表選舉。又滬部窮極，望速匯洋八千元來，否則勢將關門。

　　　　　　　　　　　　　　　　　　滬部徑

六、林委員祖函提出：因河南黨員劉守中等函，特通告各級黨部及黨員應於第二屆代表選舉時注意事項稿件，請公決案。

決議：通過。

河南黨員劉守中等函

各級黨部及黨員應於第二屆代表選舉時注意事項

　　本黨第二屆全國代表大會之期，業於第三次中央執行委員全體會議決定於本年八月十五日在廣州開會，所有大會代表選舉法，及種種預備，亦既分別製定通告矣。顧本黨自民國十三年一月改組以來，黨務之進行，因注重於宣傳與組織兩方面，一時海內外之同志驟增，一般民眾認識三民主義者，亦日有增加，此因吾黨首創者總理孫先生之精誠奮鬥所感召，實又由彼所計畫召集之第一屆全國代表大會，能將主義之精微處與辦黨之詳切方法，明白規定，宣示國人，始能有此良好之現象也。今者吾黨首創者總理孫先生既捨棄其所手造之中華民國與其所欲拯救淪於水深火熱之四萬萬同胞而去，其為人類最大之損失，自不待言。吾儕同志，接受此偉大

之精神與主義，欲守持而發揚之，則其責任之重大，可以知矣。第二屆代表大會，即係賡續第一屆大會之精神，使黨之組織，益加嚴密，庶幾各地方真實革命分子，皆得集中於本黨旗幟之下，而吾黨主義，始能滲透於全民各階級之中，故製定選舉法，於代表之人選特嚴，初選複選，均須於當地黨部舉行，所以防冒濫也。惟本黨同志，偏布海內外，或致力於黨務，或盡瘁於國事，直接間接，無非本主義以謀建設，青年多邁往之氣，老成負社會之望，年來各地方黨務之能圓滑進行者，皆由此類同志，互相補助。情意浹洽使然。蓋無青年人則其事不能舉行，無老成人則其事每難成就，歷史所詔，未容忽視。本屆選舉，各地方同志所亟應注意者：其就地盡力黨務之同志，固應盡量推舉，其為國賢勞不常厥居，及為當地政府所不能容納者，亦應一律選薦，以示尊重。須知吾黨同志以三十餘年之努力，卒能顛覆滿清，建設中華民國者，一在奉仰適應時勢至正至確之三民主義，一則同志間情感十分和協，互忘人己，故能忠勇奮發，前仆後繼，革命尚未成功，關於本屆代表大會之重要，各同志寧不知之！如何努力，將於各區選舉覘其端也。

七、譚委員平山提議：未改組之區分部黨員，能否選派
　　代表出席省代表大會案。

決議：如經登記手續者，照選舉法辦理。如未經登記手
　　　續者，照總章所規定之黨員資格尚未確定，不
　　　能取得選舉權，因此不能以各地分部名義選派

代表出席省代表大會。

八、林委員森提議：海內外出席第二次全國代表大會之
　　代表旅費辦法，請公決案。

決議：照第一次全國代表大會辦法。

九、廖委員仲愷提出：援助上海日本紗廠工人通電。

決議：通過。

**中國國民黨中央執行委員會通告全國人民一致聲討上海
英國巡捕慘殺中國人民文**

全國各公團、各報館及本黨全體黨員公鑒：

　　茲據報載，上海三十日電稱：本日上海市民因抗議
滬日紗廠廠主槍殺中國工人，及要求釋放被捕學生舉行
示威運動，乃竟遭英國帝國主義者之忌恨，公然命令印
捕向眾開槍轟擊，死六人，傷者其眾，被捕一百二十
人，野蠻殘暴，無復有加。英國帝國主義竟敢將其對待
印度、埃及人民之暴行，行使於中國領土之內，如中國
人民再不起與奮鬥，帝國主義之橫行無忌，將有更甚於
此者。是以國民黨中央執行委員會，號召中國全國人
民，一致抗議，要求懲罰暴行巡捕，撫恤死傷，表示謝
罪，保證此後永無此等至無人道之行為。凡我黨員，
應一致努力，援助人民，以與英國帝國主義相搏戰。
特此電聞。

　　　　　　　　　　中國國民黨中央執行委員會叩

第八十八次會議

十四年六月十八日

中央執行委員、監察委員、各部部長聯席會議

到會者：譚延闓　鄒　魯　林祖涵　廖仲愷　林　森
　　　　鄧澤如　何香凝　汪精衛　張敷文

主席：汪精衛
文書科主任：張敷文

報告事項

一、主席恭誦總理遺囑，全場起立。

二、宣讀八十七次會議紀錄。

三、青年部鄒部長魯報告：請陳公博為本部駐廣東大學
　　代表，派梁應能、林柏生為本部潮梅特派員，委鄭
　　志一為本部幹事案。

四、青年部報告：委周佛海為本部秘書。

五、宣傳部報告：委梁紹文為本部宣傳指導幹事。

討論事項

一、秘書處提出：第三次全體中央執行委員會議移交編
　　製中國國民黨日曆案。

決議：交宣傳部辦。

二、秘書處提出：第三次全體中央執行委員會議移交四
　　川執行部設置案。

決議：照辦；並檢齊本會各種組織宣傳文件，俾資參照。

三、秘書處提出：追悼討逆各軍陣亡將士大會案。

四、秘書處提出：市民祝捷大會三天案。

以上二案合併討論

決議：推定本會宣傳部、青年部、工人部、農民部、
　　　商民部、婦女部、海外部、庶務處、廣州特別
　　　市黨部、廣東省長公署、財政部、公安局、鹽
　　　運使署、全省農民協會、工人代表會、學生聯
　　　合會、廣東省教育會、廣州市商民協會、廣州
　　　總商會等，組織籌備委員會，於三日內成立，
　　　於七月五日舉行，並定於六月二十日下午二時
　　　在本會開第一次會議。

五、組織部提出：

　　（1）廣東省黨部改期選舉；

　　（2）定各縣代表旅費；

　　（3）現報到代表如何處置案。

決議：組織部擬定詳細辦法交議。

六、陸軍軍官學校特別區黨部條陳宣傳方案及教育實施
　　方案。

決議：宣傳方案交宣傳部辦；黨的教育實施方案，交
　　　　青年部宣傳部辦。

七、廣東農民協會代表大會代表一百十七人函告：全
　　省農民加入本黨，並請嚴懲壓迫農民之軍隊及黨
　　員案。

決議：交農民部擬覆函，並擬訓令各黨員之服務於軍隊
　　　　及行政機關，應注意保護農民。

八、湘軍講武堂特別區黨部函：請每月津貼經費二百
　　元案。

決議：照辦。

九、秘書處提出：叛亂黨員及附逆黨員應請開除黨籍案。

決議：叛亂黨員楊希閔、劉震寰、李宗黃、胡思舜、
　　　　韋冠英、周自得、嚴兆豐等，及附逆黨員周公
　　　　謀、施正甫、黎工碩等俱開除黨籍，其餘交組
　　　　織部查明報告。

十、婦女部長何香凝函：辭部長職務，請以中央名義，
　　請孫夫人回粵任部長職案。

決議：通過。

十一、上海大學附屬中學主任侯紹裘提議：整頓上海大
　　　學計畫書，請撥款建築校舍案。

決議：當努力設法，但時間與數目，應視本會經濟情形
　　　為斷。

十二、上海執行部宣傳部函：請撥款津貼上海大學師範
　　　部，養成負宣傳責任之小學教師，從事宣傳案。

決議：請上海執行部核辦報告。

十三、上海執行部宣傳部惲代英等函：請在上海設教育
　　　委員會，改變東南教育趨勢，同趨於革命之目
　　　的案。

決議：請上海執行部核辦報告。

十四、江蘇臨時省黨部報告：南京開市代表大會，被無
　　　黨證流氓搗亂，並毆傷常務委員朱季恂，請查
　　　辦並重組黨部，並重行登記案。

決議：致函上海執行部，囑即調查實情，如江蘇省黨
　　　部報告確實，則照其決議處分；並聲明此事關
　　　係重大，本會認為必須嚴行查究。

十五、汪委員精衛報告：政治宣傳委員會所發宣言標
　　　語，請求追認案。

決議：追認。

第八十九次會議

十四年六月廿三日

到會者：鄒　魯　林　森　林祖涵　鄧澤如　譚平山
　　　　廖仲愷　陳公博　張敷文

主席：鄒　魯
文書科主任：張敷文

報告事項

一、主席恭誦總理遺囑，全場起立。
二、宣讀第八十八次會議紀錄。

討論事項

一、江蘇省黨部常務委員朱季恂補述意見：
　　（1）解決南京事宜從速；
　　（2）責上海執行部對於此次風潮負責；
　　（3）范冰雪是否許其登記，請求公決案。
決議：交上海執行部從速辦理。

二、黨員朱季恂提議：第二次代表大會選舉時，黨員必
　　須領有黨證，方有投票權案。
決議：照原案不能變更。

三、潮州建設同志會、潮州善後委員會、黨員林少梅等
　　函稱：潮梅復為逆賊所佔，請即重整義師，從速討

伐案。

決議：交政治委員會。

四、潮梅建設同志會電：請核准議決知事黨選案。

決議：交政治委員會。

五、林委員祖涵提議：上海民國日報五月卅一日評論
　　中，關於此次上海屠殺慘案，有最後是非曲直尚難
　　判斷等語，態度曖昧，似非本黨機關報所宜出，請
　　轉滬執行部就近糾正案。

決議：交宣傳部。

六、林委員祖涵提議：此次上海屠殺慘案，關於對外宣
　　傳極關緊要，應請本黨宣傳部特加注意案。

決議：交宣傳部。

七、滇軍幹部學校特別區黨部組織員彭克定、張歲、馬
　　西藩等呈：請派員到滇軍朱總司令部，籌設黨團，
　　以便訓練軍隊案。

決議：照准。

八、鄂軍總司令程潛函：請委林祖涵、李隆建、張振
　　武、張定等為本軍最高幹部臨時執行委員，籌備黨
　　團事宜案。

決議：照准。

九、組織部提出：請委龍裔禧為連縣組織員，朱節山為
　　樂昌縣組織員案。

決議：照准。

十、譚委員平山提出：易誦汾函請維持馬芳昌職務案。

決議：應予維持。

十一、組織部提出：廣東省黨部選舉日期經費地址問
　　　題案。

決議：

　　　（1）時間　七月五日。

　　　（2）經費　二千元。

　　　（3）地址　請政府速即撥定。

十二、組織部提出：許堅心介紹許德明、夏有傳、夏
　　　有福等孩童入黨，應如何辦理案。

決議：年齡太輕，不能入黨。

十三、陸軍軍官學校特別區黨部現屆期滿，催請早日
　　　頒佈組織通則，以便改選案。

決議：復該黨部暫行維持原有組織，俟軍事計畫定後，
　　　再行改組。

十四、三水縣黨部呈請薦用縣長案。

決議：通告各黨員，對於地方行政長官，不得薦用及
　　　選舉。

十五、鄒委員魯提議：凡各機關及團體，有黨部黨團
　　　者，如各黨員對於機關及團體有改革要求事
　　　件，須先提出黨部、黨團決定後，方可正式提
　　　出，以免黨員內部意見紛歧案。

決議：通過。

第九十次會議

十四年六月廿五日

到會者：林祖涵　鄒　魯　林　森　胡漢民　廖仲愷
　　　　何香凝　汪精衛　陳公博

主席：廖仲愷
書記長：陳公博

報告事項

一、主席恭誦總理遺囑，全場起立。

二、宣讀第八十九次會議紀錄。

三、湖南省執行委員會報告：成立省黨部，選出執行委員及監察委員、並各部部長，請發印信並予備案。

討論事項

一、漢口特別市黨部函告成立市黨部情形並預算案。

決議：自行籌款，中央暫時無方法接濟。

二、北京市黨部婦女部函：請各地婦女部得派代表一人參加第二次代表大會案。

決議：照擴大委員會決議案執行。

三、上海大學校校長于右任函告：校舍被英帝國主義者霸佔，現擬另建校舍，請函覆能助款若干案。

決議：俟經濟稍裕再行答復。

四、林委員祖涵提議：設黨治學校案。

決議：交宣傳部、青年部會同辦理。

五：劉民畏條陳：

　　（1）國民政府宜增加考試部；

　　（2）撤懲各軍及各機關附逆職員案。

決議：採納。

六、上海第二區第九區分部函稱：

　　（1）請開除勾結唐繼堯之叛黨分子；

　　（2）一致恪守紀律，擁護中央黨部案。

決議：已辦。

七、海外部提出：林業明同志請分令海外各同志，對於
　　民智書局投股盡力幫助案。

決議：由海外部通告海外各黨部。

八、上海執行部電：請修正選舉法第二條丙項並速匯
　　款案。

決議：選舉法業已施行，無庸修正；至於黨部經費，俟
　　　財政稍裕當即籌匯。

九、美洲同盟會總務幹事李綺奄、謝英伯呈：請懲辦李
　　福林擅殺鍾幹喬以雪奇冤案。

十、廣州市第四區第二區分部代表梁明等請明白宣示李
　　福林經何種法律手續而置鍾幹喬於死刑案。

以上二案合併討論。

決議：交中央監察委員會查明辦理。

十一、中央監察委員會函復：簡光漢呈告林直勉收建
　　　李文甫烈士捐款數萬元，不宣布支銷數目一
　　　案，無案可稽，無法受理案。

決議：通過。

十二、中央監察委員會函：請撤銷劉震寰在中央監察委
　　　員會候補委員資格，並永遠革除黨籍案。

決議：通過。

十三、政治委員會提出：用中央執行委員會名義發表：

　　　（1）二十二日敬告全國人民書；

　　　（2）二十三日為沙面慘殺事件通告海內外；

　　　（3）二十四日為沙面慘殺事件弔唁各界對外協
　　　　　 會，請求追認案。

決議：通過。

十四、汪委員精衛提出：請許崇智、譚延闓為中央政治
　　　委員會委員案。

決議：通過。

第九十一次會議

十四年六月三十日

到會者：鄒　魯　胡漢民　林　森　譚平山　廖仲愷
　　　　汪精衛　鄧澤如　林祖涵　陳公博

主席：胡漢民
書記：陳公博

報告事項

一、主席恭誦總理遺囑，全場起立。

二、宣讀第九十次會議紀錄。

三、廣州特別市黨部函稱：因受楊劉叛亂影響，請准將
　　本市初選複選展期半月案。

四、中山艦報告：中山艦特別區黨部成立案。

討論事項

一、中央監察委員會函：請修正全國代表大會組織法，
　　以資救濟案。

決議：全國代表大會組織法第二及第四條即為未成立省
　　　黨部選舉大會代表之救濟法，毋庸修正。

二、政治委員會秘書伍朝樞函送政府改組決議案一
　　份，及改組政府成立後應致政府密令一道，請付公
　　決案。

決議：此案已發表始交議，只能作為追認。惟改組政

府成立後，應付政府之密令，尚未送來，應由
秘書處函促該政治委員會將密令即送本會，以
備下次會議討論。

附記：該案當日因送來遲滯，致發表之後本會始行收
到。鄒委員提議：此等重要法案，應先送表決，
而後發表，不能以緊急事件為諉。此種錯誤已
過者無可如何，但未來者須努力注意，眾贊
成。並聲明將此節載明議案中。

三、劉百泉條陳：改組政府宜多設交通一部案。

決議：交政治委員會。

四、江西臨時省黨部函：請堅持在粵開第二次大會原
案，並速頒選舉法及籌撥經費案。

決議：第二次大會業已決定在粵開會，選舉法早經頒
佈，惟籌撥經費一節，仍以自籌為原則，一俟
本會經費充裕，再酌行籌撥。

五、陸軍軍官學校特別區黨部函：請委執行委員，以免
黨務停頓案。

決議：交組織部妥籌辦理。

六、秘書處提出：前准中央監察委員會函復，鄭里鐸立
心險狠，應予嚴厲處分，究竟應處分至如何程度，
請付公決案。

決議：由本會用書面申斥鄭里鐸及警告陳策。

七、宣傳部提出：關於沙基慘殺事件之對外宣傳計畫案。

決議：通過。

八、政治委員會臨時提出：推定汪兆銘、胡漢民、張
　　人傑、譚延闓、許崇智、于右任、張繼、徐謙、林
　　森、廖仲愷、戴傳賢、伍朝樞、古應芬、朱培德、
　　孫科、程潛為國民政府委員，及通過中華民國國民
　　政府組織法、省政府組織法、廣州市市政委員會暫
　　行條例，請求公決案。

決議：通過。

九、臨時提出：公醫學校請將該校收回政府自辦案。

決議：通過。

十、臨時提出：伍朝樞提出辭去商民部長案。

決議：通過；該部長一職，暫由甘乃光同志代理。

十一、組織部臨時提出：請省長飭龍川縣長照撥該縣
　　　黨部經費案。

決議：移交省政府辦理。

十二、組織部臨時提出：廣西省黨部業已取消，此次
　　　第二次大會之代表是否應由本會派專員辦理，
　　　抑由本會委託梧州市黨部辦理，請求公決案。

決議：委託梧州市黨部辦理。

十三、組織部臨時提出：請嚴飭東莞分部謝星南交代
　　　移交該縣籌備處常務委員接辦案。

決議：請省政府飭東莞縣長勒令交代。

十四、政治委員會臨時提出：發布國民黨廢除不平等
　　　條約宣言及同胞注意一文，請求追認案。

決議：追認。

十五、臨時提出：劉侯武彈劾許總司令放棄潮梅十五
　　　屬案。

決議：交軍事委員會辦理。

十六、汪委員精衛臨時動議：第二次代表大會原定八
　　　月十五日開會，現因交通及種種關係，恐難如
　　　期，請將會期延至九月十五日開會案。

決議：通過。

十七、汪部長臨時動議：請將臨時宣傳委員會改為宣
　　　傳委員會，其規則由部擬具，提出會議；請准
　　　在宣傳部設立宣傳員養成所，並請以陳秋霖同
　　　志為主任，其規則及預算由部擬具提出會議，
　　　請求公決案。

決議：通過。

十八、汪委員臨時動議：請注重特別新興工業，並不
　　　許現任買辦為行政官吏及各社團董事案。
決議：通過；並請政府檢查各行政機關及社團。

第九十二次會議

十四年七月三日

中央執行委員、監察委員、各部部長聯席會議

到會者：林祖涵　甘乃光　汪精衛　何香凝　鄧澤如
　　　　林　森　廖仲愷　陳公博　胡漢民　鄒　魯

主席：廖仲愷
書記：陳公博

報告事項

一、主席恭誦總理遺囑，全場起立。
二、宣讀第九十一次會議紀錄。

討論事項

一、政治委員會報告：議決派汪兆銘、胡漢民、伍朝
　　樞、廖仲愷、朱培德、譚延闓、許崇智、蔣中正為
　　軍事委員會委員，請通過案。
決議：通過。

二、政治委員會補送改組政府送致國民政府密令一道，
　　請追認案。
決議：追認。

三、汪委員臨時動議：此次沙基慘殺事件，各方宣傳不

能一致，應由本黨示以宣傳方針案。

決議：由本會訓令各黨員，依據本黨歷次宣言宣傳，並
　　　推汪委員起草訓令一道。

中央執行委員會訓令　訓令第十六號

此次對外方針，凡我黨員，均應依照中央黨部之歷
次宣言，努力於反對一切帝國主義。凡以不平等條約束
縛中國之自由，及危害中國之獨立者，應即謀廢除之。
至於經濟上實力上之種種進行，尤應隨時準據中央黨部
之指導。

中央執行委員會

十四年七月四日

四、何部長臨時動議：請罷工各工人各回本鄉宣傳，並
　　令各鐵路、渡船對於回鄉宣傳工人，免收票費案。

決議：與省港罷工委員會商辦。

五、旅粵江西自治同志會揭告胡謙反革命證據案。

決議：不受理。並查此案於未送致本會之先，已登民
　　　國日報，殊屬不合，應由本會訓令民國日報，
　　　凡關於告訐黨員之事，未經本會決定者，不得
　　　登載。

六、直隸臨時省黨部編成預算表，請批准照撥案。

決議：仍照以前歷次決議，以自籌為原則，俟中央財
　　　政充裕，再行酌撥。

七、林部長臨時動議：請加派吳玉章為組織四川黨務籌
　　備員案。

決議：通過；並函請吳玉章及石青陽兩同志會同辦理。

八、中央監察委員會函報：審查圖存學校，（一）仍由
　　創辦人莊漢翹繼續辦理；（二）鄭漢宜、黃蘊宜應
　　發交特別事黨部審查判決除名，並認真整頓二區黨
　　部案。

決議：通過。

九、李海雲函稱：監察委員提出李海雲有附逆情事，
　　已議決除名一案，請於開會之日，自行到會陳述一
　　切案。

決議：李海雲前曾提出辯書，業交監察委員審查，毋庸
　　　到會陳述。

第九十三次會議

十四年七月七日

到會者：胡漢民　汪精衛　鄧澤如　林　森　林祖涵
　　　　鄒　魯　陳公博

主席：胡漢民
書記：陳公博

報告事項

一、主席恭誦總理遺囑，全場起立。

二、宣讀第九十二次會議紀錄。

三、上海執行部報告：十九次會議議決，添設商民部案。

四、廣州特別市黨部函報：廣州各區因楊劉叛變印信多
　　有遺失，現由該部先行刻發印信，交各區分部暫行
　　領用，請予備案。

討論事項

一、胡委員臨時動議：頃接上海執行部電稱，因積欠
　　經費，無法維持，以致全部工作停頓，請即匯款接
　　濟。又中央黨部經費向無確實預算，應即規定每月
　　常費標準，以利工作案。

決議：請國民政府立飭財部電匯滬部六千元大洋，並
　　　請政府每月至少撥給本會五萬元，俾作經常
　　　費用。

二、政治委員會議決：推定謝持、林祖涵、黃昌穀、
　　甘乃光、陳秋霖五人為監察院委員，徐謙、鄧澤
　　如、林翔、鄒魯、林雲陔五人為懲吏院委員，請通
　　過案。

決議：通過。

三、政治委員會決議：聘鮑爾汀先生為國民政府委員會
　　高等顧問，加倫將軍為軍事委員會高等顧問，請通
　　過案。

決議：分別追認通過。

四、中央監察委員會報告：審查李海雲情有可原，將查
　　辦一部份撤消，免予黨中處分，並宣布原委，以維
　　黨譽案。

決議：通過；並將該報告轉李海雲。

五、上海黨員劉霞凌等電陳：第二次全國大會代表選
　　舉，須照第一次辦法方昭公允案。

決議：照歷次決議，原案駁覆。

六、潮陽縣黨部籌備處呈稱：黨費無著，請函省署飭縣
　　按月撥款維持。

決議：由籌備員自行向黨員捐助。

七、組織部提出：派裴邦燾、黃季超為桂林市黨部，李
　　任仁、李天沛為桂林縣黨部，秦綱、蕭鏡仁為永福

縣黨部，俞蕃、伍志勃為全部縣黨部，劉逸周、許
逸為平樂縣黨部，廣孟、壬文莊為灌陽縣黨部，王
成軍、盧懋功為義寧縣黨部，李核成、黃寶麟為潯
州縣黨部，周揚亞為藤縣黨部籌備員，請公決案。

決議：桂林屢經兵燹，不能成市，暫無組織市黨部之
　　　必要；餘交組織部辦理。

八、常務委員提出：派郭威白為秘書處文書科主任；又
　　秘書處應多設一機要科主任，請公決案。

決議：通過；並派高振漢為機要科主任。

九、廣州第五區二區分部呈報：楊、戴二同志被港政府
　　扣押，請設法交涉保釋案。

決議：一面由本會函請外交部相機交涉，一面由組織部
　　　與工人部負責辦理。

十、汪委員提出：中國國民黨黨立宣傳員養成所章程並
　　預算請通過案。

決議：通過。

中國國民黨黨立宣傳員養成所章程

第一條　本所定名為「宣傳員養成所」，直隸於中央
　　　　執行委員會宣傳部。

第二條　本所以培育本黨宣傳人才為宗旨。

第三條　本所暫招生六十名，畢業期限為六個月，於
　　　　修業期滿三個月後即須服務。

第四條　凡中國國民黨員，不論男女，年滿十八歲，曾
　　　　在中學或師範畢業或有與中學師範程度者。

第五條　本所不收學費、堂費、講義費，制服由本所
　　　　發給，並於修業期滿三個月後服務者，每月
　　　　由本所給與每生津貼貳十元。

第六條　在本所修業期滿考試及格者，即分派各級黨
　　　　部、各處黨校、黨報及各軍政治部服務，月
　　　　給薪水由四十元至一百元。

第七條　本所學科如左：

　　　　（一）孫文主義

　　　　（二）中國國民黨黨綱釋義

　　　　（三）現代經濟組織

　　　　（四）宣傳方法及辯證術

　　　　（五）組織方法

　　　　（六）社會心理學

　　　　（七）社會問題

　　　　（八）地方自治要義

　　　　（九）中國國民黨史

　　　　（十）世界革命史

　　　　（十一）現代農工運動

　　　　（十二）帝國主義侵略史

　　　　（十三）演講實習

　　　　（十四）軍事訓練

第八條　本章程得由中央執行委員宣傳部隨時修改。

預算案

本所第一期每月經常費如左：

（甲）職員薪水：

    1. 主任一人　　　　　月薪一百四十元，
                    若他處有生活費者不支薪。

    2. 教務主任一人　　月薪一百元。

    3. 庶務兼會計一人　月薪六十元。

    4. 文牘一人　　　　　月薪六十元。

（乙）教員薪水：授課時數以三十小時計算，教員月薪以一週所擔任時數計，每小時為八元，共貳百四十元。

（丙）僱員薪水：

    1. 錄事二人　　每人月薪三十元，共六十元。

    2. 印刷一人　　月薪三十元。

    3. 雜役四人　　每人月薪十元，共四十元。

（丁）雜費：

    1. 印刷講義及其紙張費二百元。

    2. 職員及雜役膳費七十六元。

    3. 其他雜費五十元。

    右共每月一千零五十六元。

    三個月後增加學生津貼費每人二十元，以六十人計算，共一千二百元。

第九十四次會議

十四年七月十日

到會者：胡漢民　鄒　魯　汪精衛　廖仲愷　鄧澤如
　　　　林　森　譚平山　何香凝　林祖涵　甘乃光
　　　　陳公博　郭威白

主席：胡漢民
書記長：陳公博
文書科主任：郭威白

報告事項

一、主席恭誦總理遺囑，全場起立。

二、宣讀第九十三次會議紀錄。

三、譚委員報告香港罷工運動經過大概。

四、常務委員報告：本會自第九十五次會議起，開會時間改為於每星期一、四上午九時案。

討論事項

一、中央監察委員會函復：審查軍校特別區黨部呈報：

（一）管理處長林振雄犯罪，應略寬宥，由黨部予以定期停止黨權處分；關於刑事部分，予以定期懲役，並將本兼各職撤革，歸案辦理。

（二）翁光輝應予以停止黨權六個月留校看察案。

決議：林振雄應予以停止黨權六個月，撤革本兼各職；翁光輝應予以停止黨權六個月，留校看察。均由該軍校校長辦理。

二、廣州市黨部函復：查明馬超俊無可訾議，請為洗
　　雪案。

決議：將全國第二次勞動代表大會原函檢出，交下次
　　　討論。

三、中山縣黨部呈復：調查發起自治籌備處反抗黨治各
　　人員姓名列單繳請查核辦理案。

決議：速請政治委員會選委中山縣縣長，另派可靠軍隊
　　　前往保護，並拿辦楊吉。

四、汪委員臨時提議：本會第八十九次會議決議，致函
　　黃電政監督維持馬芳昌職守一案，與事實不符，且
　　與黃監督個人名譽有礙，請予辯白案。

決議：致函黃電政監督辯白。

五、廣東省農民協會報告：廣寧江屯農會被土豪勾結
　　土匪，糾合千數百人焚毀農村，佔住農家，情形甚
　　慘，請黨政府剋日派兵勦匪，保護農民案。

決議：先派甲車隊前往。

六、廖黨代表提議：請派汪兆銘為黨立陸軍軍官學校政
　　治部主任案。

決議：通過。

七、黨代表廖仲愷請以周恩來為黨軍第一師黨代表，包
　　惠僧為黨軍第一師第三團黨代表案。

決議：通過。

八、黨立陸軍軍官學校校長蔣中正，黨代表廖仲愷，請
　　委邵仲輝為黨立陸軍軍官學校秘書長案。

決議：通過。

九、秘書處機要科主任高振漢，因事不能就職，請另派
　　員案。

決議：照准；並派黃眾允為機要科主任。

十、甘代部長臨時提議：前取錄之黨務及行政人員，先
　　入黨立宣傳員養成所肄業，若行政及黨務方面有須
　　用人員時，即行調用案。

決議：通過。

第九十五次會議

十四年七月十三日

到會者：胡漢民　鄒　魯　汪精衛　鄧澤如　林　森
　　　　林祖涵　陳公博　郭威白　黃眾允

主席：胡漢民

書記：郭威白

報告事項

一、主席恭誦總理遺囑，全場起立。

二、宣讀第九十四次會議紀錄。

三、中央銀行函報：中山先生紀念堂建築費收入款項清單案。

四、湘軍第五團報告：成立黨團執行委員會案。

討論事項

一、汪委員臨時動議：本黨應發生主張八月一日開國民會議預備會議宣言案。

決議：通過。

中國國民黨關於國民會議預備會議之宣言

　　　民國十四年七月十三日一屆九五次會議通過

　　自五月月杪以來，青島、上海、九江、漢口、廣州等處慘殺事件絡繹不絕，此等慘殺事件，實足使帝國主義之真相完全暴露，而全國人民對於帝國主義之認識亦

愈以明瞭。隨而反抗之熱度，亦愈以增漲。帝國主義
繼續施行此等滅絕人道舉動之後，仍悍然自若，不擔負
毫末之責任，且以為亦無人能使之擔負。而全國人民對
此等滅絕人道之舉動，痛憤之餘，士罷學、商罷市、工
罷工，以為一致之抵抗，其堅忍力不為不固，其堅持力
亦不為不強，然不能課施行慘殺者以應有之責任，且亦
不能對於此等慘殺事件為根本之解決，如所謂廢除不平
等條約者，日復一日，此等慘殺事件必至冤沉海底，將
何以慰關於此事之犧牲者？亦何以為民國及國民生命之
將來的保障？帝國主義者，誚吾國人不曰一盤散沙，即
曰五分鐘熱度。夫熱度之激進，由於感情，而感情之持
久，由於組織，果使國民有偉大縝密之組織，以容納此
激昂奮發之感情，敢決其必能歷久而不敝，且益於展
拓。今日國民對於慘殺事件創巨痛深，不患無強烈之感
情，而患無與之適應之組織以集中國民之意力。國民於
此，不可不迴溯本黨總理孫先生去歲十一月十三日之宣
言，本黨總理孫先生之主張，以廢除不平等條約為國民
革命之先著，而以國民會議為議決執行廢除不平等條約
之主體，假使當日孫先生之主張而能實現，則早已有集
中國民意力之組織，以為內政、外交之衝，廢除不平等
條約，當早已見諸實行。五月月杪以來之慘殺事件，何
自而起？即使帝國主義者蘊其毒謀，乘間竊發，而此時
早已有全國一致之國民會議以為最高指導者，何致任令
北京臨時執政依違於帝國主義者與國民之間而莫知所適
從？亦何致任令一般民眾徒抱熱狂而不能得一集中之組
織以發展其意力？國民於此，不可不念本黨總理孫先生

先見之明。今者北京臨時執政，關於外交方面，鑒於全國民眾之督責與國民軍之催促，已能不顧奉天軍閥張作霖之掣肘，而提出修正不平等條約之要求，雖修正云云，於廢除不平等條約之主張不能徹底，然北京臨時執政當已覺悟：去歲十二月，以尊重不平等條約，抵制廢除不平等條約之錯誤；同時亦當已覺悟今年一月間以善後會議，抵制國民會議預備會議之錯誤。則對於國民會議預備會議之主張，當不復如前之深閉固拒。藉使不然，全國民眾當此存亡危急之際，亦宜自決，不可一誤再誤，以窒礙國民革命之進行。本黨茲鄭重決議如下：（一）國民自動的開國民會議預備會議於北京，開會日期為今年八月一日；（二）國民會議預備會議之構成分子，完全依照本黨總理孫先生去歲十一月十三日宣言所開列者；（三）在國民會議預備會議中，接受上海、青島、九江、漢口、廣州各處人民之要求及全國人民之要求，使人民意思得充分表現，並共同討論計畫一切進行方針；（四）在國民會議預備會議中，決議廢除不平等條約及審議其實行方法。本黨認此為現在時局最近迫切之需要，亦即解決現在時局之不二法門。國民如欲推倒帝國主義之勢力，湔洗五月月杪以來之痛苦與屈辱，致中國於平等獨立自由，本主權在民之旨，以定國是，而靖國難，則必能採納本黨所主張而使之實現，謹此宣言。

中國國民黨中央執行委員會

十三年七月九日

二、汪委員臨時動議：為開國民會議預備會議事，應發
　　電忠告段祺瑞案。

決議：通過。

本黨中央致段祺瑞電文

北京段芝泉先生鑒：

　　去歲十一月十三日，本黨總理孫先生對於時局發表
宣言，主張開國民會議預備會議，以廢除不平等條約，
使帝國主義與軍閥之勢力永遠絕迹於中國。孫先生此種
主張，為解決時局之基本方法，亦即為與執事合作之條
件。當時執事方注意於憑藉奉天軍閥之勢，以保障臨時
執政地位，又注意於憑藉帝國主義之勢力，以對於奉天
軍閥為一種暗示，使臨時執政地位益得以保障，故對於
孫先生之主張認為與自己利害根本衝突，於是以尊重不
平等條約，為抵制廢除不平等條約之具；以善後會議，
為抵制國民會議預備會議之具，遂使國民革命之進行為
之頓挫，孫先生終至於賫志以歿。顧孫先生雖死，其精
神及主義不隨以俱死，國民革命之進行雖受一頓挫，而
其再接再厲之氣勢乃因之愈猛。事至今日，帝國主義與
軍閥之本身，已不能生存，而執事之政府乃欲憑藉之以
為生存，實為大愚。執事須知五月月杪以來，各處之屠
殺事件，直接固帝國主義為屠伯，間接實執事授以屠
刀。苟無執事去歲冬間尊重不平等條約之表示，以益驕
長傲，則帝國主義者未必一橫至此。執事近日對於北京
外交團提出修正不平等條約之要求，在本黨視之，固只
一種支吾延宕之伎倆，然執事既知不平等條約之當修

正，則對於去歲冬間尊重不平等條約之表示，當已覺悟其錯誤。古人有言：亡羊補牢，猶未為晚。本黨不欲更為既往之責備，但願執事更進一步同情於廢除不平等條約之主張。且執事前此尊重不平等之條約，則必主張善後會議；反之，執事若同情於廢除不平等條約，則必贊成國民會議預備會議。蓋前者為獻媚於帝國主義與軍閥；後者為反抗帝國主義與軍閥，所謂方以類聚也。國民今日為帝國主義者所快意屠殺，發憤欲求一生路，執事對之寧能不相憫恤？國民已發憤推倒帝國主義及為帝國主義之工具之軍閥，國民之力，已足任之，所期於執事者，予以贊助，其至低限度則不加以阻礙而已。執事對之，寧能終拒？頗聞執事自提出修正不平等條約之要求以後，已失奉天軍閥之歡，然軍閥之所貴，軍閥能賤之，徐世昌、黎元洪之末路，皆執事所親見，論國事而斤斤於個人得喪，已甚可鄙；況即為個人得喪計，亦不必如此戀戀也。執事今日對於國民之唯一責任，即在追隨國民之後，完全履行去歲十一月十三日本黨總理孫先生所宣言開國民會議預備會議，以議決廢除不平等條約。執事若能如此，本黨敢信國民必能忘執事之前愆，而予以晚蓋。雖失歡於軍閥，庸何傷焉？若猶襲善後會議之故智，又欲以非驢非馬之國民代表會議，為搪塞國民會議預備會議之具，則迷途愈遠，竊為執事不取。此本黨對於執事最後之忠告，尚祈明察！

中國國民黨中央執行委員會元

三、汪委員臨時動議：為開國民會議預備會議事，應發

　　訓令，訓令本黨黨員，應遵照本黨歷次宣言，從事
奮鬥，務期貫徹案。

決議：通過。

中央執行委員會訓令　訓令第十八號

　　自五月月杪各處慘殺案發生以來，帝國主義之窮兇
極惡，完全暴露。國民對之憤激萬狀，反抗帝國主義之
怒潮，驟形增漲，然同時發現國民尚無集中意力之偉大
組織，以致行動散漫，進步遲滯，當此危急存亡之際，
有賴於全國一致以當外交之衝，而國民缺乏此種組織，
即不能舉全國一致之實。本黨總理孫先生去歲十一月
十三日宣言，主張開國民會議預備會議，以廢除不平等
條約，即有見於此。茲經本黨議決，繼續從事開國民會
議預備會議之運動，本日已發表宣言，同時致最後之忠
告於段祺瑞，勸其於國民自動開國民會議之際，予以贊
助，至低限度亦不加阻礙。自六月二十二日本黨發表廢
除不平等條約宣言以後，段祺瑞對於北京外交團旋有修
正不平等條約之要求，頗聞段祺瑞之出此，由於受最近
國民運動之影響，且受國民軍之督促，故不顧奉天軍閥
張作霖之掣肘，提出此項要求。本黨因修正與廢除內容
迴異，故更有六月二十八日之宣言。惟段祺瑞既提出修
正不平等條約之要求，當可假定為已覺悟去歲冬間尊重
不平等條約之錯誤，其果能更進一步同情於廢除不平等
條約與否，當於其贊成開國民會議預備會議與否覘之。
善後會議國民代表會議與國民會議預備會議，絕非同
物，凡我國民應於此留意，勿令指鹿為馬。當開始國民

會議預備會議運動之際，本黨黨員應遵照本黨總理去歲十一月十三日之宣言，及今年一月十七日覆段祺瑞電，暨準據本黨中央執行委員會六月二十二日及二十八日之宣言，從事奮鬥，務期貫澈。特此訓令。

中國國民黨中央執行委員會
十四年七月九日

四、廣州市黨部函覆：查明馬超俊無可訾議案。

決議：通過；並將市黨部函宣布及發通告。

五、陸軍軍官學校校長蔣中正、黨代表廖仲愷呈稱：寶安農友被土匪及譚啟秀部隊肆行殘殺，請查辦案。

決議：請省政府軍事廳查辦。

六、秘書處提出：各縣屬機關，應照廣州辦法，一律繳納黨員所得捐案。

決議：通令各屬黨部徵收黨員所得捐，收得之款，彙交中央黨部。

七、鄒委員臨時提議：廣大教育方針案。

決議：定為訓練主義。

八、鄒委員臨時提議：財政統一與教育經費獨立之界說案。

決議：交政治委員會解釋。

九、鄒委員臨時提議：公醫接收案。

決議：由鄒委員與國民政府林委員會商辦理。

十、上海黨部執行委員林業明請撥還墊支電費二千餘
　　元案。

決議：請廖委員速發，並以上海執行部工作重要，每月
　　　電費本巨，以後匯交常費時，應注意此點。

十一、上海執行部函報：古巴總支部來函並報紙，請
　　　設法撤銷刁作謙案。

決議：由本會令各報紙注意，並嚴斥刁作謙。

第九十六次會議

十四年七月十六日

到會者：林　森　汪精衛　林祖涵　譚平山　鄒　魯
　　　　甘乃光　廖仲愷　鄧澤如　何香凝　陳公博
　　　　黃眾允

主席：汪精衛
書記長：陳公博
機要科主任：黃眾允

報告事項

一、主席恭誦總理遺囑，全場起立。

二、宣讀第九十五次會議紀錄。

三、譚委員臨時報告：第二次全國大會代表選舉票式
　　樣案。

四、甘部長臨時報告：商民部請派陳廷愷為秘書案。

五、政治委員會報告：教育經費獨立解釋決議案。

討論事項

一、政治委員會報告：該會議決，如須本會名義行之
　　者，須經本會之通過，遇緊急時得先行後請追
　　認，如逕由該會名義行之者，彙報於本會，請准予
　　通過案。

決議：通過。

二、上海執行部來電催款，並請再電匯四千元案。

決議：函省政府財政廳電匯。

三、林委員臨時動議：黨證封面黨徽之外不宜再加白
　　圈案。

決議：前黨證封面黨徽外之白圈，不過為美術意味，與
　　　黨徽無關；茲為免除誤會起見，第二次換新黨
　　　證時，不再加此白圈。

四、廣大法科畢業生鄭翹璧等呈：請將在中央黨部入黨
　　前之畢業生撥歸法科學院，另設一區分部，以便辦
　　事案。

決議：不許。

五、建國軍攻鄂總司令程潛呈：為給養困難，懇請設法
　　維持案。

決議：轉國民政府及軍事委員會辦理。

六、粵軍總司令許崇智函稱：所屬艦隊，擬組織一特別
　　區黨部，請仍由該司令負責監督辦理案。

決議：通過。

七、林祖涵同志函：請解除建國攻鄂軍黨代表；及攻鄂
　　軍總司令程呈：請另推派一人為本軍及所屬講武堂
　　黨代表案。

決議：准林同志辭攻鄂軍黨代表職，並由軍事政治訓

　　練部派人至該軍組織政治部，及函復林、程二
　　同志。

八、民生植牧有限公司蔡毅夫、許堅心等呈：請即將已
　　封陳逆廉伯之地利煤礦公司歸各界罷工工人聯同開
　　採，以維糧食案。
決議：交省政府查明酌核辦理具復。

九、滇軍總部黨團籌備處籌備員彭克定等，與高煊等互
　　訐案。
決議：請廖黨代表辦理。

第九十七次會議

十四年七月二十日

到會者：鄒　魯　廖仲愷　汪精衛　胡漢民　林　森
　　　　林祖涵　鄧澤如　郭威白　黃眾允

主席：胡漢民
書記：郭威白

報告事項

一、主席恭誦總理遺囑，全場起立。

二、宣讀第九十六次會議紀錄。

三、國民政府報告：上海民國日報補助費七月十五日以
　　前仍由粵軍總部清理，七月十五日以後由中央黨部
　　撥支，請查照案。

四、廣東各界對外協會報告：各界代表大會決議案請察
　　核施行案。

五、汕頭市黨部籌備處請將前報該黨部正式成立案迅予
　　批准案。

六、林委員臨時報告：黨章載第二十六條全國代表大會
　　常會開會日期、重要議題，須於兩個月前通告各黨
　　員等語，請注意案。

討論事項

一、廣東財政廳請查復：市或縣黨部預算二百七十元，
　　是否按每月計算案。

決議：照最近決議，各處黨部經費應由自籌，不能動用
　　　地方公款。

二、劉侯武函：請本會宣言開國民會議預備會議，時間
　　　逼促，應請另定相當日期案。
決議：俟下屆開會再議。

三、陳書記長自請處分案。
決議：陳書記長公博記過一次，鮑書記慧僧記大過
　　　一次。

第九十八次會議

十四年七月廿三日

中央執行委員、監察委員、各部部長聯席會議

到會者：林　森　林祖涵　何香凝　甘乃光　胡漢民
　　　　鄒　魯　汪精衛　鄧澤如　廖仲愷

主席：胡漢民
書記長：陳公博
書記：黃眾允　郭威白

報告事項

一、主席恭誦總理遺囑，全場起立。

二、宣讀第九十七次會議紀錄。

三、國民政府委員會報告：據財政部呈復，已遵令先後撥匯五千元大洋至滬黨部；每月撥全黨部經費五萬元，恐難照數支付，當先列入預算案。

四、懲吏院委員函報：遵於本月廿一日宣誓就職案。

五、上海黨部來電：四川臨時省黨部執行委員會已成立，並選出職員案。

六、戴傳賢同志電復：承推選為國民政府委員，請允許給假四十日案。

七、廖黨代表呈：請委任徐桴為軍官學校軍法處長案。

八、各軍校黨代表廖仲愷呈：請委任黨立陸軍軍官學校秘書長邵仲輝兼任該校政治部副主任，政治部主任

未視事之前，由副主任代理案。

九、常務委員報告：以後會議錄之編製，須記明常務委員會議或各部部長聯席會議，並書明人數、姓名，書記姓名不必列入到會人數姓名內，以免誤會。

討論事項

一、政治委員會臨時提出：本黨目前政策之宣傳大綱案。

決議：通過。

本黨目前之政策宣傳大綱

一、本黨黨員須盡力對人民解釋，明瞭此次與帝國主義鬥爭之真正意義。帝國主義並非指某個帝國主義國家，而是指一切繼續堅持不平等條約之國家。既然國民黨以廢除不平等條約為其最重要職務，則吾人對於帝國主義各國不能有所分別也明矣。

二、英國帝國主義為帝國主義制度之結晶，是帝國主義之最完成形式。英國帝國主義在中國，並不假借親善及自由主義等名詞以為掩飾，而公然採取橫暴政策，公然慘殺我國人民，英國固更顯露而更野蠻，然此並不能謂其他帝國主義者於吾人有何功用，因彼等堅持不平等條約故也。

三、本黨黨員須對人民解釋帝國主義與軍閥之關係。軍閥如無此種關係，決不能在中國維持其生存，是以為廢除不平等條約而與帝國主義之奮鬥，即係推翻軍閥專政，統一中國，建設民主主義政府之必要條件。事實上，如不平等條約不廢除，則軍閥將繼續當權，而本黨之主義終難實現也。

四、本黨黨員須對人民解釋此次國內罷工運動之真正
意義。此次罷工運動由全國工、商、學等之積極參
加，已使國民革命運動將得最後之勝利，本黨應竭
力援助與擴大此運動及指導之。

五、指導此次全國反帝國主義運動之最好方法，即開始
廣大宣傳運動，宣傳先總理北上宣言中所規定之預
備會議之召集。

六、依照該宣言之規定，預備會議應代表人民之各階級
及各種職業，本黨黨員須立即召集各團體之會議，
以宣傳本黨對於預備會議之意見，及其召集之目
的。本黨黨員須設法使能堅持廢除不平等條約之主
張者及反對與任何帝國主義妥協者，當選為代表，
出席預備會議。

七、本黨黨員須對人民解釋，帝國主義之壓迫人民，不
僅假借為其工具之軍閥如張作霖等，並利用如唐紹
儀及其他買辦之政治勢力，如此等勢力不消滅，則
中國國民革命將無勝利之希望。

八、本黨黨員須對人民解釋：小軍閥如唐繼堯等，隨時
可為大軍閥利用，故亦為國民革命之一種危險物。

九、本黨黨員對於本黨強迫段祺瑞主張廢除不平等條約
之決議，須不生誤解。個人之人格，在國家大事中
無足輕重，而個人在國家大事中所佔之地位，實為
重要。北京政府無論其如何惡劣，勢不能不採納人
民之主張，段祺瑞為民眾運動之高起，而有修改條
約之要求，本黨之主張，雖為廢除不平等條約，然
非謂本黨即須躲避不平等條約之修改運動也。我國

一部分之人民，尚懷有與帝國主義者有妥協之可能之幻想，吾人既不能將此等人民棄而不顧，則吾人須試一指導之，如彼等之幻想喪失幾分，則吾人可使其接近吾人幾分。

十、吾人對段氏所以採如此之態度者，正因此一部分人民相信彼等，藉段氏之策略，可得不平等條約之修改。吾人應告之曰：汝等錯誤矣，汝等決不能得帝國主義何種真實之讓步，然汝等固不妨一試也；汝等一舉一動，如不出解放中國之軌道，則必得吾人之援助。惟稍發見有任何賣國或膽怯之行為時，必遇吾人之嚴重批評，故此非合作，乃適應現時政局之極端需要所應有之態度也。

十一、再者段氏修改不平等條約之溫和要求，尚須遭反動勢力如張作霖等之反對。故吾人決不可讓帝國主義之工具，當段氏正要求修改不平等條約時，利用吾人對段氏素日之惡感。

十二、段氏修改條約之企圖，苟因國民黨之反對而失敗，則帝國主義及其工具必自欣幸，彼等將以失敗之責任加諸吾黨。如是可引起吾黨內部之分裂，而一方面人民之大部分，亦將責備吾人。

十三、所以吾人應對廣東人曰：本黨從過去我國與帝國主義交涉之經驗上，得知我國人民常以修改不平等條約希望於此等交涉，本黨明知此等交涉之無效，然本黨知道此種交涉之結果，必致我國人民要求立即廢除不平等條約之呼聲將愈高。而六月二十三日及二十八日之宣言，將得更多民眾之

擁護。

十四、在我國人民中，現時仍有人幻想以為段政府與帝
國主義之會議，一定能有所得焉。吾人應對此種
人言曰：國民黨對廢除不平等條約之堅持，正所
以援助汝等修改不平等條約之成功，本黨願以全
力贊助汝等愛國之舉動，汝等倘遭失敗，請勿責
備本黨，應責備帝國主義者及其工具。

十五、吾人對帝國主義者云：汝等想利用吾人之反對北
京政府以為自己破壞修改不平等條約會議之口
實，則汝等誤矣！苟此問題有利於中國者，則吾
人中間決無分歧在，任何能減輕吾人之困苦狀況
之舉動，吾人必舉全力贊助之，吾人決不讓汝離
間吾人，以償汝等可單獨處置吾人之妄想。

十六、本黨對帝國主義政治的與軍事的工具，如唐紹儀
與張作霖，其事相同。當吾人反對段氏不接受孫
先生廢除不平等條約及召集預備會議之主張時，
汝等不發一言，今則段氏竟能提出修改不平等條
約之溫和主張，而汝等反而對之表示不滿，汝等
何故不滿於段氏之主張？因段氏主張之結果將產
生一廢除不平等條約之大運動，此種運動當然能
危害於汝等主人之利益及汝等自己之利益。吾人
對於段氏修改不平等條約主張之批評，係為國民
革命之需要；而汝等之批評，則為汝等獻勤於汝
等主人之心理所激發，汝等之主人，係帝國主義
者，為中國之仇敵。

十七、凡上述種種，本黨黨員，須充分明瞭，並對國人

講解，如是人民能對本黨之政策，有正確之評判，並對於國民運動中各種勢力，有相當的認識，明瞭此等勢力之價值與重要。認為孰為促進國民運動？孰為阻止其進行？孰為欺賣之於敵人？此為本黨黨員最要之責任。

十八、吾人對於段氏個人人格問題可不論，吾人只關心於其修改不平等條約之主張是否推進國民運動？抑阻礙其發展？如推進之，則吾人歡迎之，如阻礙之，則吾人反對之。國民黨以為段氏此種主張，可為發展國民運動之工具。段氏過去之罪惡，吾人深知之，段氏將來之不穩定，無人能否認之，其所以主張修改條約，係受形勢之壓迫，此亦一無疑義；段氏有意以此種主張作緩和革命運動之用，亦為十分可能之事。凡此種種，在吾人宣言及公函中，已詳細說明矣。然不論此主張之所由來，吾人不能不認對不平等條約居然提出修改的要求，為一有歷史的及革命的重要之事實，如何能利用之，以為發展民眾，則為本黨自身之責任。

十九、須使帝國主義者瞭知段氏之主張，有全國人民之擁護，彼等決無利用我國內部分裂之機會。

二十、吾人更須注意者，即段氏之提議既為全國之提議，即全國人民對其進行須有嚴密之監督。可否吾人讓此種建議之進行手續，一切交之北京政府乎？當然不可。須有人民之代表機關在北京以監督之，此種機關即中山先生北上宣言所提議之預

備會議是也。彼時遭段氏之拒絕，使吾人受極大之損失，現時彼已不能再行拒絕吾人召集預備會議之主張，如段氏拒絕，則必犯眾怒，而自受其殃。苟彼召集預備會議，則彼時使之成為有利國家之工具之責任在吾黨，此預備會議監督與列強會議之進行，及以全國人民之力量為後援。如段氏不能堅持其主張時，此會議自行辦理，而引導全國明瞭廢除不平等條約之必要，此為國民黨現時之政策，亦即先總理遺囑中所指示者也。

二、懲吏院委員臨時提出：懲吏院組織法案。
決議：交政治委員會。

三、鄭委員臨時提出：暑期工人學校計畫案。
決議：通過。

暑期工人學校計畫

校址：借學校或工會等。
講習期：由七月二十起至八月二十二止，實授課五星期。
上課時間：日校上午八點至十點，夜校下午七點至九點。
科目：三民主義每週三小時。
　　　五權憲法每週一小時。
　　　國民常識每週三小時。
　　　革命史每週一小時。
　　　信札算數每週共四小時。

費用：學費講義等費全免。

來學資格：除有患惡疾外，凡能守本校規則者，不論何
　　　　　人均可入校。

畢業：期滿有證書發給。擬辦二十校（每校至少有二十
　　　人以上方開班）。

經費預算：

教員車馬費：每校二十元，共四百元。

雜費（連講義費在內）：每校二十元，共四百元。

委員會雜費：一百元。

職員車馬費：一百元。

　　　　　　約共一千元。

四、中央監察委員函復：審查軍校學生郭濟川在前方挾
　　槍潛逃，煽惑軍心，應限日捕獲，以肅軍紀，並請
　　逾限未獲，應否責令介紹人賠償槍枝，提出議決，
　　著為成例案。

決議：通過。

五、廣州電話總局長徐蘇中請援例設立特別區黨部及廣
　　州第二區第七區分部，請將該區分部改為特別區黨
　　部，請指示辦法案。

決議：交組織部審查。

六、海外部請速規定徵求黨員獎勵辦法案。

決議：推組織部、海外部、秘書處各派一人，會同
規定。

七、廣州第一區黨部呈稱：廣州市黨部宣傳異致，請予
警告案。

決議：函市黨部，請注意本會六月二十六日發出同胞注
意之刊件。

八、商民部提出：籌辦商民運動講習所意見案。

決議：通過。

籌辦商民運動講習所意見書

年來我國商人外受帝國主義者之經濟力所壓迫，內受軍
閥苛捐雜稅之騷擾，迭次罷市，其要求解放之熱烈，殊
不下於農工之要求減租加薪，可惜指導乏人，致有去年
商團之變。本黨為使一般商人曉然於帝國主義者之進攻
現狀與整頓商民組織，使商民與本黨接近起見，應開設
一商民運動講習所，養成商民運動人材以指導商民，以
期改造其組織外，更導之以抵抗帝國主義與軍閥，以
期明瞭本黨之主張，共趨國民革命之正軌，因草定章
程如左：

中國國民黨黨立商民運動講習所章程

第一條　本所定名為「中國國民黨黨立商民運動講習
所」，直隸於中央執行委員會商民部。

第二條　本所以培養熱心黨員專作商民運動，以期協
助各地商民協會之組織及進行為宗旨。

第三條　本所招生四十名，三個月畢業，畢業後派往
　　　　各地組織商民協會，及協助各該商民協會之
　　　　進行。

第四條　凡中國國民黨黨員有中學或相當程度而熱心
　　　　商民運動者，均可投考。

第五條　本所不收學費、堂費、講義費及徵收其他一
　　　　切費用。

第六條　先辦第一期，俟有成效再辦第二期。第一期
　　　　招生可由佛山、江門、順德、中山、東莞、
　　　　石龍、梧州、新會、台山、汕頭各商會自費
　　　　保送二名，其餘在廣東招足。

第七條　科學如下：
　　　　（一）孫文主義。
　　　　（二）中國國民黨黨綱釋義。
　　　　（三）帝國主義侵略史。
　　　　（四）商民運動與國民革命運動。
　　　　（五）對商民宣傳方法。
　　　　（六）中國商業現狀。
　　　　（七）商業常識。
　　　　（八）現代經濟組織。
　　　　（九）現代政治概要。
　　　　（十）商民團體之實狀。

預算經費

（甲）職員薪水
　　　（一）主任一人，不支薪。
　　　（二）監學一人（兼管庶務會計文牘），六十元。

　　　　（三）教員若干，義務職。

　　（乙）僱員薪水

　　　　（一）錄事兼印刷，一人四十元。

　　　　（二）雜役，一人十元。

　　（丙）雜費

　　　　（一）講義在中央黨部印。

　　　　（二）僱員膳費十元。

　　　　（三）文具及其他三十元。

　　　　又開辦費共一百元。

　　　　統計三個月經費約六百元。

九、秘書處會計、文書、機要、庶務、油印各職員請求
　　加薪案。

決議：請常務委員酌定增加標準。

十、廣西李宗仁、黃紹雄電：請委彼二人及白劍生、
　　胡今予、劉尊權、蒙民偉、覃哲民、陳協五、劉揚
　　廷、陸涉川、麥慕堯舉辦廣西全省黨務；並派陳協
　　五、劉尊權面請訓示案。

決議：俟劉、陳二同志來再付討論。

第九十九次會議

十四年七月廿七日

到會者：林　森　林祖涵　譚平山　胡漢民　鄒　魯
　　　　鄧澤如　汪精衛　廖仲愷

主席：胡漢民

書記長：陳公博

書記：黃眾允　郭威白

報告事項

一、主席恭誦總理遺囑，全場起立。

二、宣讀第九十八次會議紀錄。

三、國民黨湖北第一次全省代表大會電告：已成立正式省黨部案。

四、廣東大學校長鄒魯函復：辦理「軍校特別區黨部建議整頓廣大各事項」案。

五、廣大特別區黨部呈報：選出鄒魯、梁龍二同志為出席第二次全國代表大會代表案。

六、黨軍第一團長劉峙呈報就職日期案。

七、建國攻鄂軍總司令程潛報告：該軍講武學校設立政治部，推林祖涵君為該部主任案。

八、黨員徐天深報告：赴惠調查情形，並議請派人員前往該處奮鬥宣傳案。

討論事項

一、政治委員會秘書處函送關於封鎖問題議決四項案，

及政治委員會函達該議決案第一項，決定以黨之名
義，依此形式，發布訓令，並決定登報開會等，而
為廣大之宣傳，請決定見復案。

決議：通過。

二、軍事委員會秘書處函達廣寧亂事議決：由軍事委員
會、省政府、中央黨部農民部及鄭師長組織委員會
處理，並由中央黨部指定主席案。

決議：指定軍事委員會代表為主席。

三、廖委員函送革命軍刑事條例，請討論公決案。

決議：付下次討論。

四、林委員提出：組織重要議題委員會，以便編訂各種
黨務重要議題，趕於兩個月前通告各黨員案。

決議：通過；並推定本會各常務委員、各部部長、監察
委員鄧澤如與林祖涵同志組織第二次代表大會
重要議題委員會。

五、海外部提出三藩市總支部電稱：全國大會期迫，照
章選派代表，實難趕及，現已變通由各部授權理事
會選定，請承認電復等語；應否准其變通辦理，請
公決案。

決議：不能變通，應電復該部照章辦理。

六、組織部提出：東莞縣黨部籌備員倫湛恩等函請飭縣

　　　　將從前指定縣分部經費扣留，撥給該籌備處案。

決議：該縣分部從前既有指定經費，應撥給該籌備處，
　　　此案交組織部辦理。

七、組織部臨時提出：桂軍講武堂特別區黨部存在問
　　題案。

決議：將該黨部取消，前所屬黨員應重新登記。

八、組織部臨時提出：滇軍幹部學校特別區黨部存在問
　　題案。

決議：將該黨部取消，前所屬黨員應重新登記。

九、組織部臨時提出：第二次代表大會出席代表複選期
　　限延期問題案。

決議：應延至九月一日。

十、組織部臨時提出：廣州市各區分部分割問題案。

決議：以後如有分割，應具明理由，呈請上級機關核
　　　准，方得成立；並訓令組織部查照辦理。

中央執行委員會訓令　訓令第二十號

　　為訓令事，照本黨章程規定：黨員五人以上，即可
組織區分部。其用意：一為使黨員易於集會，以從事訓
練及執行黨務；一為於不能公開集會之地，得以保存秘
密。今據組織部長報告，廣州市區分部有自行分割為多
數區分部者，若無何等正當理由，應查明制止，並令回

復原狀。此令。

中央執行委員會

十四年七月三十日

十一、組織部臨時提出：廣東電話局請設立特別區黨
　　　部案。

決議：准其設立。

十二、組織部臨時提出：建國第一軍黨團最高幹部常
　　　務股函稱：本軍經濟困難，所有入黨各官佐士
　　　兵，可否免予照相案。

決議：不許。

十三、鄒委員臨時提出：對於政治委員會解釋教育經
　　　費獨立認為未妥之意見案。

決議：送政治委員會。

十四、鄒委員臨時提出：各黨部有毫無理由而拒人入
　　　黨者，請議辦法案。

決議：通告各級黨部，以後有此情形，從嚴處罰。

十五、本會各部人員請求加薪，並鄒委員提出照前次
　　　決議，核定秘書處人員加薪成數案。

決議：再交常務委員審查決定。

第一百次會議

十四年七月卅日

中央執行委員、監察委員、各部部長聯席會議

到會者：林祖涵　譚平山　甘乃光　林　森　廖仲愷
　　　　胡漢民　鄧澤如　汪精衛　鄒　魯

主席：胡漢民
書記長：陳公博
書記：黃眾允　郭威白

報告事項

一、主席恭誦總理遺囑，全場起立。

二、宣讀第九十九次會議紀錄。

三、秘書處報告：增城縣公民千餘人至本會請願，將駐
　　該縣何達、袁華照兩軍調防，另派可靠軍隊駐紮，
　　以免戰禍蔓延，同歸於盡案。

四、秘書處報告：「八屬各界團體請願肅清南路代表大
　　會」百餘人，至本會請願，肅清南路，以解除八屬
　　人民痛苦案。

討論事項

一、廖委員函送革命軍刑事條例，請討論公決案。

決議：交政治委員會。

二、組織部提出：黨軍黨校之黨部組織系統表及說明案。

決議：通過。

三、廣西李宗仁、黃紹雄電：請委彼二人及白劍生、
　　胡今予、劉尊權、蒙民偉、覃哲民、陳協五、劉揚
　　廷、陸涉川、麥慕堯舉辦廣西全省黨務，並派陳協
　　五、劉尊權面請訓示案。

決議：派李濟深、李宗仁、黃紹雄、李天和、裴邦燾、
　　　葉光壘、蘇民、楊文炤等八人為廣西省臨時省
　　　黨部籌備員。

四、陸軍軍官學校校長蔣中正、黨代表廖仲愷呈：請將
　　私逃學生李勳臣、范良鎮、陳宗天三名開除黨籍，
　　以昭炯戒案。

決議：照准。

五、陳融、林雲陔請援案設置法院特別區黨部案。

決議：交組織部審查。

六、組織部提出：規定黨員遺失黨證補發手續案。

決議：除照組織部規定原案首兩條辦理外，另加入「凡
　　　遺失黨證請求補發者，應補貼黨證有效期間內
　　　之印花」一條。（組織部規定原案首兩條附後）

黨員遺失黨證補發手續條例

一、凡遺失黨證之黨員，不能直接補發黨證，應向入黨
　　之區分部用書面之報告。（應註明某字第幾號之黨

證，因何事遺失。）

二、區分部常務委員得到遺失黨證之報告書，即送至區黨部，由該區黨部之常務委員來組織部說明遺失理由，註明遺失之號數，在補發登記冊上簽名蓋章後，再行補發。除區黨部常務委員逕行來部補發外，凡以黨員資格或區分部各委員，概不補給。

七、組織部提議：派蔡漢升為曲江縣黨部組織員案。
決議：照派。

八、黨代表廖仲愷臨時提出：請追認張靜愚為黨軍第一師第一團黨代表，徐堅為黨軍第四團黨代表，王懋功為黨軍司令部參謀長案。
決議：通過。

九、組織部工人部報告：營救楊戴二同志在港被捕情形，並請撥還用款四百八十二元五毫，及月給戴同志家屬港票五十元案。
決議：通過。

十、廣東電政同志會馬芳昌、同人林德培、黨員張冀階等暨廣東電報職工維持會、工會聯合會、廣州縫業、粉麵、茶館、酒業等工會、牛油洋燭紮作團體會、雜務工社等，與廣東電報局黃垣、廣東電政同志會會員葉潤楊、郝德彰等互控案。
決議：交廣東省政府建設、農工兩廳，會同在一星期內

查明辦理。

十一、組織部臨時提出：東江剿匪司令羅翼羣請組織
　　　黨部，並問是否直接中央案。

決議：俟軍事系統定後再議。

十二、秘書處書記長陳公博提出辭職案。

決議：照准；派徐蘇中為書記長。

第一百零一次會議

十四年八月三日

到會者：胡漢民　鄧澤如　林　森　林祖涵　譚平山
　　　　鄒　魯

主席：胡漢民
書記長：徐蘇中
書記：郭威白　黃眾允

報告事項

一、主席恭誦總理遺囑，全場起立。

二、宣讀第一百次會議紀錄。

三、常務委員報告：秘書處及各部職員由七月一日起一
　　律加薪二十元，最近三月內有加未足廿元者，加足
　　廿元，超過二十元者，減為廿元，以歸一致。

四、監察院委員呈報：定於八月一日在中央黨部就職，
　　請派員指示。

五、秘書處報告：高、雷、廉、瓊、欽、崖、羅、陽八
　　屬旅省公民代表，至本會請願，派得力軍隊，征討
　　鄧本殷情形。

六、譚部長報告：東江潮梅人民受壓迫痛苦情形。

七、常務委員報告：嗣後凡關於私人訴訟事件，應由各
　　同志直接向主管機關控告，黨部不必代為轉致，並
　　通令各黨部查照。

討論事項

一、懲吏院委員林雲陔呈請辭職案。

決議：慰留。

二、黨員韓亮兼條陳對於黨務之意見案。

決議：留備參考。

三、兩廣鹽運使鄧澤如請設特別區黨部。

決議：照准。

四、劉侯武函：本會宣言開國民會議預備會議，時間逼
　　促，應請另定相當日期案。

決議：送交政治委員會。

五、組織部提出：審查陳融、林雲陔等請設置法院特別
　　區黨部可以照准案。

決議：通過，但以在省會者為限。

六、海外部提出：三藩市總支部電稱第二次全國代表大
　　會請展期四個月開會案。

決議：展期兩個月。（即由九月十五日展至十一月十
　　五日）

七、河南鄭州市黨部請解散河南臨時省黨部案。

決議：交北京執行部查明具復。

八、廣州市第一區黨部呈稱：廣州市黨部侵越權限，凡該區黨部所不許成立之分部，市黨部悉許其成立，請嚴令市黨部迅將各原案註銷案。

決議：執行第九十九次會議第十案之決議，並定本月八日下午一時召集廣州市黨部各區黨部執行委員在本會開聯席會議，本會派常務委員及組織部長出席。

第一百零二次會議

十四年八月六日

中央執行委員、監察委員、各部部長聯席會議

到會者：譚平山　鄧澤如　何香凝　鄒　魯　甘乃光
　　　　廖仲愷　林　森　胡漢民

主席：鄒　魯
書記長：徐蘇中
書記：郭威白　黃眾允

報告事項

一、主席恭誦總理遺囑，全場起立。

二、宣讀第一百零一次會議紀錄。

三、粵軍總司令許崇智報告：該軍特別區黨部開全區代表大會選舉執行委員情形。

四、工人部報告：工人代表會及工人俱樂部增加經費案。

五、秘書處報告：八屬留省各界請願代表來本會請願，派陳旅長銘樞征討鄧本殷情形。

六、海外部報告：加拿大總支部來電稱，代表不能如期赴會，請延會期，並電復案。

七、廣東省政府呈報：據建設、農工兩廳會同查明馬芳昌等與黃垣互控情形。

八、爪哇剪玉全體華僑函報匯寄毫銀貳千元，請領取撥入正式救國之用案。

討論事項

一、組織部提出：清遠縣黨部組織員焦渭溪，違抗黨
令，抽收花捐，請電令清遠縣長先行制止，並將焦
渭溪扣留，一面令縣黨部查辦案。前清遠縣黨部籌
備員吳少奇、李霞舉呈：為藉黨漁利，懇予懲戒，
以維黨譽案。

決議：照組織部所請辦理。

二、中山縣長黃居素函稱：黨員朱子雄竟敢許賄承賭，
經拿解分庭，請予開除黨籍案。

決議：照辦。

三、國民黨廣東省代表大會羅定縣代表黃明時呈：請速
定省代表大會日期及津貼旅費案。

決議：日期日後再定，在未定之前，該員無事可先回縣。

四、秘書處提議：修改本會證章案。

決議：交秘書處辦理。

五、孫夫人函除婦女部長職案。

決議：再電請就職。

六、上海執行部函稱：該部第二十六次會議決議，關於
該部內單獨設立婦女部事，應由本會決定，不必待
第二次代表大會案。

決議：准其單獨設立婦女部。

七、本會會計科主任呈：請將陳俊生、曾國鈞二同志加
　　薪問題核奪示遵案。

決議：維持原案。陳俊生同志減薪十元，曾國鈞同志仍
　　　　支原薪，不得再加。

八、組織部臨時提出：黨軍黨部組織系統修改案。

決議：黨軍與黨校分作兩個黨部，直轄於中央。

九、廖委員請派徐天琛為粵軍第五軍政治宣傳主任案。

決議：通過。

第一百零三次會議

十四年八月十日

到會者：鄧澤如　鄒　魯　林　森　胡漢民　林祖涵
　　　　譚平山　廖仲愷

主席：胡漢民
書記長：徐蘇中
書記：黃眾允

報告事項

一、主席恭誦總理遺囑，全場起立。

二、宣讀第一百零二次會議紀錄。

三、組織部報告：委派唐圖強籌備雲浮縣黨部，羅偉疆、蕭功立、黃佩勳、尹子佩、羅克仁籌備石龍市黨部，並加派丘心竹籌備南雄縣黨部。

四、惠陽縣黨部籌備員黃佩勳、羅克仁、羅志仁、鄺其琛、甘立申、李蓀貽報告該縣黨部成立情形。

五、湖南省黨部何叔衡出席報告黨務。

六、婦女部報告：該部關於沙基慘案發生後之工作，及援助罷工女工情形。

討論事項

一、財政部函復：本黨全部經費自應照數撥給，每月由財廳支發。

決議：由書記長督同會計科草擬概算書，提出本會審

核，一面由各部及監察委員會秘書處各派一人
組織財政委員會，以便通盤籌劃。

二、秘書處報告：廣州市機織工會千餘人至本會請願，
　　取消解散命令案。

決議：通知工人部取消解散令。

三、監察院函：請早日派員到院辦理政治宣傳科案。

決議：函詢政治委員會政治科職權如何，再行遴派。

四、上海執行部轉呈：四川臨時省黨部黃復生等對於第
　　二次全國代表大會選舉法抗議書案。

決議：告以大會及代表複選展期，但選舉法不能更改。

五、上海執行部函稱：據上海女黨員請求中央指派婦女
　　特別委員出席第二次全國代表大會，又據浙江省黨
　　部函報該省執行委員會全體會議請中央黨部指派
　　胡識因女同志為出席第二次代表大會婦女特別委
　　員案。

決議：復上海執行部，通告各省黨部，推薦女同志三
　　　　人，呈由本會選派一人為婦女特別委員，出席
　　　　第二次全國代表大會。

六、虎門要塞司令陳肇英請准設虎門要塞特別區黨部，
　　並派遣黨代表常駐指揮案。

決議：照准。

七、秘書處提出辦事細則案。

決議：交常務委員核定。

八、胡委員漢民提議：召集第四屆中央執行委員會全體
　　大會案。

決議：即行召集，定期九月十五日開會。

九、宣傳部提出：擬就一般的紀念週條例草案案。

決議：交宣傳部再擬，提出下次會議討論。

十、黨員劉鉅眾、關紹雄呈請發給保證書，俾得往俄求
　　學案。

決議：交常務委員核奪。

十一、譚委員平山提議：十一日十二時統一廣東各界
　　　大會在第一公園開會，請中央通告各級黨部一
　　　體參加案。

決議：通告各級黨部一體參加。

十二、譚委員平山提議：第二次代表大會出席代表複
　　　選期，展至十一月一日以前，請通告案。

決議：通過。

十三、鄒委員魯提議：廣東大學校黨部黨團定於學校
　　　開學後二十日改選案。

決議：通過。

十四、林委員森提議：美洲匯款萬元囑轉交對外工學總
　　　會，查無此會，究應轉交何處案。

決議：交各界代表大會。

十五、譚委員平山提議：李少白控告唐圖強案。

決議：交監察委員會查辦。

第一百零四次會議

十四年八月十三日

中央執行委員、監察委員、各部部長聯席會議

到會者：鄒　魯　何香凝　林祖涵　鄧澤如　譚平山
　　　　謝　持　林　森　胡漢民　甘乃光　廖仲愷

主席：胡漢民
文書科主任：郭威白
書記：黃眾允

報告事項

一、主席恭誦總理遺囑，全場起立。

二、宣讀第一百零三次會議紀錄。

三、北京黨部特派員李國煊同志報告：北京最近政治與
　　黨務狀況。

四、東京支部執行委員會宣傳科主任費哲民同志報告：
　　東京最近黨務狀況。

五、福建省黨部江董琴同志報告：福建最近黨務狀況。

六、組織部報告：東莞縣黨部選舉不合法，除通知另行
　　定期依照縣代表大會代表選舉法改選外，所有控件
　　一律送交監察委員會審查。

七、組織部報告：中山縣黨部常務委員談恩海帶領私
　　娼，在黨部住宿，經黨員彭光亞等控告及監察委員
　　冼達元負責報告，當經勒令談恩海先行停止職務。

　　至關於紀律問題，送交監察委員會審查。

八、廣西全省綏靖處督辦李宗仁、會辦黃紹雄電告：協
　　同定滇軍范軍長共搗昆明，奠定西南。

九、張繼同志函復：被選為國民政府委員，謹遵命效忠
　　革命，如有所命，望隨時通知。

十、清遠縣長電復：縣黨部組織員附抽花捐已於本月五
　　日停收，焦渭溪於四日返省，無從扣留案。

十一、婦女部報告：黨立貧民生產醫院病人統計表。

十二、汕頭榮興商號函報：接荷屬各埠寄來本會信函數
　　　件，並款九千餘元，俟有直接輪船到省，即派
　　　人攜帶面交案。

十三、秘書處報告，改造惠州同志會暨各界代表大會來
　　　本會請願：痛剿楊坤如及毀拆惠州城墻案。

十四、宣傳部報告：本部秘書陳揚煊赴歐留學辭職，茲
　　　委任曾獻聲為本部秘書案。

十五、宣傳部報告：本部黨務編纂李儒修，因外交部秘
　　　書事煩，屢請辭職，茲委任陳曙鳳為本部黨務
　　　編纂案。

十六、商民部報告：秘書陳廷愷辭職，由現任指導幹事
　　　黃鳴一升任；另委蕭漢宗為本部幹事案。

十七、于右任、徐謙二同志函稱：得悉國民政府成立，
　　　謹當服從本黨議決，一致負責努力進行案。

討論事項

一、警察黨員分區案。

決議：認為有分割之理由。

二、陸軍軍官學校校長蔣中正、黨代表廖仲愷呈報：副
　　排長張雁南短假潛逃，除通緝外，請開除黨籍案。
決議：照准。

三、前上海大學代理校長邵力子呈：請迅予議決，補助
　　上海大學建築上海大學校舍經費二萬元案。
決議：交財政委員會。

四、台山縣黨部呈稱：眾意表決，編練地方黨軍，扶助
　　自治，懇請鑒核照准案。
　　又台山縣黨部呈稱：眾意議決根據先帥明令，特許
　　台山試辦自治，並准組織警備軍，由該黨部完全負
　　責編練案。
決議：交軍事委員會。

五、秘書處組織部海外部派員會同擬定徵求黨員獎勵辦
　　法，請公決施行案。
決議：照原案通過。

六、婦女部請將爪哇剪玉華僑匯回之毫銀貳千元，撥作
　　維持女工之用案。
決議：此款應由對外協會支配。

七、秘書處提出：請規定保送課吏館資格案。
決議：派常務委員、秘書處、青年部、宣傳部組織考試
　　　委員會，凡由本會保送者，須先經過此種考試。

八、組織部提出：派黃龍恩為廣西南寧黨部籌備員，謝
　　雨蒼為廣西賓陽縣黨部籌備員，陳勉恕為廣西貴縣
　　黨部籌備員案。

決議：通過。

九、李宗仁、黃紹雄電告：桂省黨部支日開籌備會，公
　　推覃超為籌備主任，另推十八人為籌備員案。

決議：照本會第一百次會議決議辦理，再電李、黃二同
　　　志知照。

第一百零五次會議

十四年八月十七日

到會者：胡漢民　廖仲愷　鄒　魯　林　森　林祖涵
　　　　譚平山　鄧澤如

主席：胡漢民

文書科主任：郭威白

報告事項

一、主席恭誦總理遺囑，全場起立。

二、宣讀第一百零四次會議紀錄。

三、安南芹苴支部執行委員會陳飈生同志報告：因黨事
　　被法政府驅逐出境，及法政府虐待黨人狀況。

四、政治委員會報告：民國日報採訪新聞增加經費案，
　　經決議通知各機關供給材料，經費由黨部照撥案。

五、組織部報告：據連均度同志請將大本營特別區黨部
　　改稱國民政府特別區黨部，已照准案。

六、軍工廠特別區黨部報告籌備經過及組織成立大略
　　情形。

七、鄂軍黨部報告成立及呈報各級黨部委員人名案。

討論事項

一、中央監察委員會函復：審查第七區黨部第二區分部
　　黨員大會決議，開除羅協從黨籍案情形，並擬定辦
　　法，請公決執行案。

決議：照所擬辦法通過。

二、廣大法科學院黨團執行委員會報告：審查外間攻擊
　　梁龍同志之結果及決議案，請核奪案。

決議：照該黨團決議通過。

三、梧州善後處張難先電稱：梧州市黨部委員李家英等
　　與學界市民發生絕大衝突，請派員處理案。

決議：電調李家英、何翼創返省，並派甘乃光同志往
　　　梧查辦。

四、海外部提出：法國總支部王景岐函報：旅法同志因
　　反對帝國主義大巡遊之日，多被法政府逮捕及驅逐
　　出境，狼狽不堪，可否請中央刻日籌寄款項，以資
　　救濟案。

決議：款項交財務委員籌劃，並由胡、林二同志設法
　　　匯寄。

五、北京特別市黨部婦女部函稱：該部第二次黨員大
　　會決議，組織一婦女運動委員會，近為全國婦女運
　　動統一事，組織「全國婦女聯合會」，出一刊物，
　　更擬創辦女校，設立婦女圖書館等等，請援上海成
　　例，與以確定津貼案。

決議：本會現時財政支絀，請固定津貼一節，應暫
　　　從緩。

六、謝持同志因病請准予辭去監察院委員案。

決議：慰留；並准假一月。

七、剿賊滇軍行營范石生報告：於三日率第三師由剿賊
　　向開廣進發，人民紛紛響應案。

決議：覆電嘉勉。

八、組織部提出：兵工廠特別區黨部，前經規定直轄中
　　央黨部，此次改組，未便變更案。

決議：通過。

九、組織部提出：據新縣黨部籌備員葉漢蔚呈，請將選
　　出各執行委員迅予加委，並轉函中央監察委員會，
　　將去年該縣黨部糾紛一案，准予撤銷案。

決議：通過。

十、組織部提出：各縣行政司法機關人員要求入黨，除
　　各該縣有黨部組織者外，其未有黨部組織者，擬定
　　辦法如下：
　　（一）趕速派遣相當人員前往組織；
　　（二）先在行政司法機關組織區分部，直轄於中
　　　　　央，俟該縣有黨部時，再撥歸該縣黨部。
　　　以上請公決案。

決議：通過。

十一、組織部提出：將鄂軍黨團改稱為鄂軍特別黨
　　　部案。

決議：通過。

第一百零六次會議

十四年八月廿七日

中央執行委員、監察委員、各部部長聯席會議

到會者：鄒　魯　林　森　鄧澤如　謝　持　林祖涵

主席：鄒　魯
書記長：徐蘇中
文書科主任：郭威白

報告事項

一、主席恭誦總理遺囑，全場起立。

二、宣讀第一百零五次會議紀錄。

三、秘書處報告：八月二十日上午九時五十分，廖委員
　　蒞本會開常會，在門首被人狙擊因傷逝世案。

四、政治委員會秘書處函送議決：由中央執行委員會警
　　告國民新聞，並附訓令稿，請查照案。

五、政治委員會秘書處函稱：關於對外問題，議決速組
　　織代表團往北京，及議定選派名額，請轉行各部查
　　照辦理案。

六、國民政府監察院報告：該院陳委員秋霖被兇徒狙擊
　　傷重逝世案。

七、清遠縣黨部呈報：縣黨部正式成立，並開第一次聯
　　席會議，請察核案。

八、宿遷縣黨部電告成立，乞予備案案。

九、美洲華僑籌賑祖國失業工人婦孺慈善總會函告：已
　　匯港銀壹萬元，交鄒海濱同志轉粵城工學機關，以
　　援助失業工人案。

討論事項

一、政治委員會秘書處函達：廖委員請辭去農民部長兼
　　職，經決議以陳公博為農民部長案。

決議：俟下次中央執行委員會議時討論。

二、中山縣黨部監察委員會報告：開除楊吉黨籍，請查
　　照案。

決議：查照本黨總章駁覆。

三、山東第一次代表大會議決：請將加入國民黨同志俱
　　樂部本黨分子，一律開除黨籍案。

決議：查照中央執行委員會第三次全體大會決議案辦理。

四、粵軍特別區黨部臨時執行委員會請准予該特別區黨
　　部士兵免納黨費案。

決議：不准。

五、湘軍黨團最高幹部臨時執行委員會薦議：該軍宣傳
　　委員楊潤身等提議，湘軍應設立政治部及實行黨代
　　表案。

決議：交組織部核辦。

六、湘軍黨團整理處執行委員會主席魯滌平請加派宣傳
　　員一人，至該軍駐在地宣傳案。

決議：交宣傳部派人。

七、清遠縣黨部呈復：請將前該縣黨部籌備員焦渭溪
　　革除黨籍，並請令行清遠縣追繳該員所收過花捐各
　　款，提充地方公益之用案。

決議：准如所擬辦理，並令清遠縣拿辦焦渭溪。

八、陳公博同志呈請迅定嚴密訓練黨員之方針案。

決議：由陳同志擬定條文後再議。

九、民國日報總編輯陳孚木呈稱：關於告訐黨員未經決
　　定者，不得登載事，請以上控黨部而未經解決者為
　　限案。

決議：黨報言論，係代表本黨意思，凡黨員未經本黨
　　　　判決處分者，黨報不能加以攻擊，若黨員過
　　　　失，本黨尚未及發現時，黨報主筆應先以黨員
　　　　資格呈訴於中央監察委員會，候其決定。

十、香港青年社幹事會陳秋霖等請每月補助經費二百元
　　及津貼書籍購置費（一次過）一百元案。

決議：交財政委員會。

十一、秘書處提出：前決議各黨部經費不能動用地方
　　　公款，但在決議前領取者，應否追回案。

決議：在決議前領取者，不能追回，函財政部知照。

十二、黨軍第二團黨代表張靜愚呈請辭職案。

決議：照准。

十三、中央監察委員會請電令梧州市黨部李家英、何
　　　翼劍、李亞飛、葉介之等暫行停止職務，聽候
　　　審查案。

決議：照辦。

十四、梧州善後處張難先因各界除暴團搗毀民國日報
　　　及新廣兩社事，自請處分案。

決議：交甘乃光同志併案辦理。

十五、北京執行部湖南省黨部請撥經費案。

決議：由林委員祖涵與該二處代表接洽後，再由鄒常務
　　　委員核辦。

十六、海外部提出：古巴總部請將飛機籌款處籌得之
　　　款，以一半捐為中山紀念堂建築費，並請獎勵
　　　捐款人員案。

決議：照准；獎勵辦法由秘書處會同海外部辦理。

第一百零七次會議

十四年九月三日

中央執行委員、監察委員、各部部長聯席會議

到會者：譚平山　汪精衛　林　森　鄧澤如　林祖涵
　　　　謝　持　譚延闓　甘乃光　許崇智　鄒　魯

主席：汪精衛
書記長：徐蘇中
文書科主任：郭威白

報告事項

一、主席恭誦總理遺囑，全場起立。

二、宣讀第一百零六次會議紀錄。

三、兩廣鹽運使署特別區黨部呈報：已成立七個區分
　　部案。

討論事項

一、汪委員精衛臨時動議：國民政府廖委員仲愷逝世，
　　經政治委員會議決，請以鄧澤如同志補為國民政府
　　委員，其原任懲吏院委員職，應即解除案。

決議：通過。

二、政治委員會函稱：廖委員請辭去農民部長兼職，經
　　決議推薦陳公博同志為農民部長，請公決案。

又鄒委員魯推薦陳公博為農民部長案。

決議：通過。

三、秘書處提議：廖常務委員仲愷逝世，請早選員接
　　任案。

決議：以林委員森接任。

四、廣州特別市黨部函復：查明黨員黃煥庭平日行為，
　　請予昭雪案。

決議：備案。

五、漢口特別市黨部湖北省黨部籌備處電：請將第二次
　　代表大會選舉法斟酌情形重行釐訂案。

決議：未便重行釐正。

六、河南省黨部函稱：陝西同志公推焦易堂回陝辦理黨
　　務，請准予備案案。

決議：派焦易堂為陝西省黨部籌備員，函上海執行部
　　　查照。

七、甘乃光同志函復：梧州市黨部與學界市民衝突案早
　　經解決，無再往查辦之必要案。

決議：由甘同志負責調查，具報候核。

八、梧州市黨部執行委員張難先等與何翼劍等為此次梧
　　州反動風潮互訴案。

決議：交甘乃光併案查覆。

九、聯義海外交通部，因更換旗幟，請鑑定指示祗遵案。

決議：不必另定旗幟，可照海外各團體所用旗幟式樣，
　　　於國旗下標明該社字樣。

十、王襄同志報告：楊庶堪就農商總長職，及其宣言內
　　容是否賣黨，請審查宣佈案。

決議：

　　一、致函楊庶堪質問，其未得中央執行委員會允
　　　　許即行就職，有何理由。

　　二、致函北京執行部請查復：簽名贊成楊庶堪就
　　　　職諸同志，是否出自本人。

十一、上海大學校長于右任請恢復原有津貼或幫助鉅
　　　款，建築校舍案。

決議：補助建築費二萬元，並催財政委員會提前辦理。

十二、宣傳部提出：請任甘乃光為黨立宣傳員養成所主
　　　任案。

決議：通過。

十三、甘乃光提議：中國國民黨報告書與中國國民黨概
　　　要合併編輯，交宣傳部辦理案。

決議：通過。

十四、秘書處提出：本會執行委員廖仲愷同志及楊希
　　　閔，俱因事出缺，請以候補執行委員遞補案。

決議：下次會議時再討論。

十五、汪委員精衛提出：規定聯席會議法定人數案。

決議：聯席會議須本會各部長過半數出席，方可開會。

十六、汪委員精衛提議：由中央執行委員會發起本省
　　　各界追悼廖陳二公大會。

決議：由秘書處組織籌備處，定九月二十日開會。

十七、南路第二師長陳章甫電陳：擁護革命政府，願
　　　率所部剷除反革命派案。

決議：交軍事委員會。

民國史料 46

中國國民黨第一屆中央執行委員會
會議紀錄（三）

The Minutes of First Central Executive Council
- Section III

編　　者　民國歷史文化學社編輯部
總 編 輯　陳新林、呂芳上
執行編輯　林育薇
文字編輯　王永輝、江張源、詹鈞誌
排　　版　溫心忻、盤惠秦

出　　版　🛡️ 開源書局出版有限公司

　　　　　香港金鐘夏愨道 18 號海富中心
　　　　　1 座 26 樓 06 室
　　　　　TEL：+852-35860995

　　　　　✿ 民國歷史文化學社 有限公司

　　　　　10646 台北市大安區羅斯福路三段
　　　　　　　37 號 7 樓之 1
　　　　　TEL：+886-2-2369-6912
　　　　　FAX：+886-2-2369-6990

　　　　　　　　　　　　　　　http://www.rchcs.com.tw

初版一刷　2021 年 1 月 29 日
定　　價　新台幣 350 元
　　　　　港　幣　90 元
　　　　　美　元　13 元
I S B N　978-986-5578-04-6
印　　刷　長達印刷有限公司
　　　　　台北市西園路二段 50 巷 4 弄 21 號
　　　　　TEL：+886-2-2304-0488

國家圖書館出版品預行編目 (CIP) 資料
中國國民黨中央執行委員會會議紀錄 . 第一屆 =
The Minutes of First Central Executive Council/
民國歷史文化學社編輯部編 . -- 初版 . -- 臺北市 :
民國歷史文化學社有限公司 , 2021.01

　　冊；　公分 . -- (民國史料 ; 44-47)

ISBN 978-986-5578-02-2 (第 1 冊 : 平裝). --
ISBN 978-986-5578-03-9 (第 2 冊 : 平裝). --
ISBN 978-986-5578-04-6 (第 3 冊 : 平裝). --
ISBN 978-986-5578-05-3 (第 4 冊 : 平裝)

1. 中國國民黨中央執行委員會　2. 會議實錄

005.215　　　　　　　　　　　　　110000226